Sabrina Wallner

HYPERSENSITIV

Das unbegrenzte Potenzial
des menschlichen Geistes

W0388343

Sabrina Wallner

HYPER SENSITIV

Das unbegrenzte Potenzial des menschlichen Geistes

Crotona

Deutsche Originalausgabe
1. Auflage 2016
© Crotona Verlag GmbH & Co.KG
Kammer 11
83123 Amerang
www.crotona.de

Alle Rechte der Verbreitung, auch durch Funk, Fernsehen, fotomechanische Wiedergabe, Tonträger jeder Art und auszugsweisen Nachdruck, sind vorbehalten.

Umschlaggestaltung: Annette Wagner

Druck: C.H. Beck • Nördlingen

ISBN 978-3-86191-071-8

Inhalt

„Das Unwirkliche ist in gewissen Fällen
wahrer als das Wirkliche.
Es hieße, die Natur umformen und unkenntlich machen,
wollte man sich die Dinge in ihren streng
geometrischen Formen vorstellen.
In einer Welt, deren Bewohner die Dinge nur abbilden
oder photographieren könnten, jedoch nicht berühren,
würde man nur sehr schwer zu einer genauen Vorstellung
ihrer Form gelangen […].“[1]

■■■

„Bewusstsein ist organisierendes Prinzip.“[2]

■■■

„Unterbewusste Filtersysteme organisieren nicht nur,
was ich sehe,
sondern auch mein Gedächtnis.“[3]

---

1 Le Bon, Vorwort, 17
2 Dean Radin, in: Am Anfang war das Licht
3 Expedition ins Gehirn

Vorbemerkung: Was assoziierst Du mit einer Pfeife?

„Jetzt reden wir!“, titelt Denise Linke auf der N#MMER, ihrem Magazin für Autisten, AD(H)Sler und Astronauten.[4] Auch Daniel Tammet schreibt in seinen zahlreichen Büchern ausführlich über besondere Bewusstseinsformen; und Temple Grandin ist mittlerweile wohl weltweit bekannt, nicht nur als Dozentin für Tierwissenschaften, sondern auch durch ihre Bücher, Fernsehauftritte und die Verfilmung ihrer Lebensgeschichte mit dem Titel *Du gehst nicht allein*. Der wundervollen Wort- und Bilderflut dieser Autoren ist es zu verdanken, dass das Stigma, welches Neurodiversität (außergewöhnlichem menschlichen Wahrnehmungsvermögen) anhaftet, nach und nach verschwindet.

Ungern möchte ich schreiben, alle drei sind Autisten. Und doch schreiben die drei selbst darüber, nicht nur weil Autismus Teil ihrer Persönlichkeiten ist, sondern auch, weil es in manchen Fällen helfen kann, das eigene Verhalten zu verstehen. Neurodiversität bringt oft eine Kluft in verschiedenen Verhaltensweisen mit sich, die vor allem Kinder verstehen lernen müssen. Dabei kann eine Diagnose helfen. Doch darf der Mensch dabei nicht auf den Autismus reduziert wer-

---

4 01/2015

den; und der Autismus sollte nicht als Krankheit definiert werden. Autismus ist eine besondere Bewusstseinsform und Teil der Neurodiversität. Genauso verhält es sich mit den Begriffen Savant (der »Wissende«), Inselbegabter (verfügt über besondere Fähigkeit) und Synästhesie (eine komplexere Wahrnehmungsart). Alle diese Begriffe gehören zur Neurodiversität, aber ein Autist ist nicht unbedingt auch Savant, Inselbegabter oder Synästhetiker. Wohl aber verfügt jeder über eine besondere Form der Wahrnehmung – wie wir alle.

Wir alle sind Teil der Neurodiversität, denn kein Gehirn funktioniert wie das andere. Die Verknüpfungen im Gehirn sind so verschieden wie unsere individuellen Wahrnehmungen. Alles, was dabei als normal definiert wird, läuft über eine gewisse Resonanz. Diese stellen wir her, weil wir sozial veranlagt sind. Wir gleichen Wahrnehmungen verbal ab, im Sinne von: „Siehst Du das auch so?" Das gibt Stabilität – und das ist gut so. Aber es darf dabei nicht übersehen werden, dass die Art des Sehens nie dieselbe ist. Jeder Mensch hat andere Erfahrungen gemacht und dementsprechend andere neurologische Muster in seinem Gehirn gebildet. So sieht keiner in einer Pfeife dasselbe, weil jeder andere Assoziationen damit hat.

Die Pfeife steht stattdessen als vages Bild in einem Strom der sich ständig verändernden Wahrnehmung, in dem jeder Sinn eine andere Rolle spielt. Es handelt sich bei jedem Strom um eine individuelle und besondere Bewusstseinsform, die mit einem schwimmt oder einen trägt. Manchmal ist sie auch der Stein im Fluss, an dem man sich das Knie aufschürft. Diese Bewusstseinsform macht den Menschen aus. Er ist es, der mit all seinen Ecken und Kanten im Zentrum seiner Wahrnehmungsform steht. Er ist unperfektes Medium, stets auf der Suche nach Erfahrung und Heilung, nach gemeinsamen und individuellen Mustern.

Uns allen gemeinsam ist auf dieser neurodiversen Suche das Streben nach Echtheit, nach Authentizität; denn dadurch kommen wir am besten mit unseren Mitmenschen klar. Dabei geht es jedoch nicht um völlige Transparenz, sondern um eine Begegnung voller Herzenswärme, eine Berührung im Geiste – die wohl höchste Steigerungsform von Echtheit.

Authentizität fordert auch Denise Linke. Um diesem Anspruch treu zu bleiben, zitiere ich nachfolgend die besonderen individuellen Wahrnehmungsformen meist wörtlich; denn die Worte derjenigen, die wahrnehmen, vermitteln am besten, was gemeint ist. Dazu ergänze ich meine Wahrnehmung und Sichtweise. Mein Ziel ist es, zu zeigen, dass Authentizität bei allen Bewusstseinsformen das Allerwichtigste ist, weshalb wir eine neue Sichtweise benötigen. Nicht kognitive Defizite stehen dabei im Vordergrund oder gar die Klassifikation in »Autist«, »Savant« oder »Synästhetiker«, sondern im Vordergrund stehen bei dieser Sichtweise die kreativen Fähigkeiten, über die wir alle verfügen; denn wir alle sind fähig, bestimmte Muster zu erkennen.

Denise Linke unterscheidet in ihrem Buch *Nicht normal, aber das richtig gut* zwischen Neurotypischen und Neurountypischen. Der Unterschied liegt bei uns allen in der Art, wie wir Muster erkennen. Doch insbesondere die Neurotypischen denken oft in abstrakten Ideen, wodurch die Details, die sie direkt vor Augen haben, nur vage erahnt werden. Während die Neurountypischen mit klarem Blick diejenigen Muster sehen, die direkt vor ihnen liegen. Beide Sichtweisen zusammenzubringen, macht meines Erachtens nachhaltige und heilsame Authentizität aus.

Mit heilsam meine ich: Wir haben alle das Bedürfnis nach Ordnung, und die stellt jeder mithilfe von Erkenntnissen her. Deshalb gibt es für den Erkennenden nie ein Chaos, es ist immer etwas gegeben, „denn das Bedürfnis nach Prägnanz ordnet das möglicherweise vorhandene Chaos im Sinne einer subjektiven Ordnung".[5]

Diese subjektive Ordnung ist Teil von nachhaltiger Heilung, Teil eines authentischen Verhaltens, welches das Seelenleben mit der Umgebung verbindet. Die Art des Musters, das jeder für sich erkennt, ergibt sich aus folgender Fügung: „Wenn eine Reizsituation nicht eindeutig ist, dann wird sie auf der Grundlage unserer Hypothesen so gestaltet oder umgestaltet, dass der ins Bewusstsein gelangende Inhalt klar und deutlich ist."[6]

Dementsprechend assoziierst Du etwas anderes mit einer Pfeife als ich. Jeder hat dabei etwas anderes vor Augen, fühlt, schmeckt oder riecht etwas Spezielles, wenn er an eine Pfeife denkt. So ist Rauch nicht immer unbedingt blau oder reizend. Holz ist nicht immer unbedingt voller grober, unebener Maserung; und der Geschmack von Rauch auf der Zunge ist nicht immer unbedingt metallisch. Die Art der Wahrnehmung ergibt sich aus der Funktion der Sinne und der neurologischen Muster im Gehirn. Folglich ist eine Pfeife nicht unbedingt eine Pfeife. Vielleicht ist sie sogar gar keine Pfeife (welchen Sinn René Magritte auch immer gemeint haben mag). Der Sinn ergibt sich letztlich aus dem Medium, aus der sinnlichen Wahrnehmung und aus der Beziehung, welche die Sinne zum Bildträger haben.

---

5 Pöppel, 79
6 Pöppel, 79

Das Potenzial unserer bunten Welt

Verborgenes Potenzial

In unserer bunten digitalisierten Welt können die Sinne unsinnig durcheinandergebracht oder überraschend ordentlich in kreative Bahnen gelenkt werden. Dazu bedarf es eines funktionierenden mentalen Filtersystems – die Informations- und Reizflut muss sinnvoll gesiebt werden, damit wir kreativ denken können und die existente Buntheit nicht zu einer schwarzweißen Wahrnehmung wird.

Die kreative Wahrnehmung kann unbestritten als grundlegende Fähigkeit eines jeden Menschen angenommen werden. Dabei gehören Störungen zu einem normalen Alltag, denn das Bewusstsein kann nicht immer voll fokussiert werden und auf Hochtouren auf das Gehirn einwirken. Allerdings können die Sinne ähnlich entspannt und trainiert werden wie der Körper, wobei außergewöhnliche Denker und Autoren wie Daniel Tammet und Denise Linke dabei eine Vorbildfunktion haben.

Beide sind Autisten und haben deshalb eine ganz besondere Bewusstseinsform. Autismus kann zwar mit Störungen verbunden sein, doch Denise Linke und Daniel Tammet zeigen, dass dies eine ganz menschliche Eigenschaft ist. Oft wird eine Störung noch mit Stigmatisierung in Verbindung gebracht, doch steht bei dem Stempel »Verrückt!« in Wahrheit die Angst vor einem fremdem Anteil in einem selbst im Vordergrund. Überwinden wir diese Angst, sehen wir ganz genau, dass kein Mensch wirklich normal ist, allenfalls unterdrückt man etwas in sich, wodurch dieser Anteil fremd erscheint. Im Grunde gibt es ein Normalsein gar nicht. Deshalb ist es vielleicht nicht verkehrt zu sagen, ein bisschen verrückt sind wir alle – jeder auf seine ganz spezielle, liebenswerte Art. Vielleicht hilft diese Sichtweise denjenigen, die noch ein Stückchen von sich kennenlernen mögen.

Dazu muss gesagt sein, »verrückt« meint dabei aber auch »anders komplex« – jeder tickt anders und jedes Gehirn ist in unterschiedlicher Komplexität verdrahtet. Wie sich zeigen wird, können die Vorteile überwiegen, denn neurountypisch zu sein, kann eine enorme kreative Kraft mit sich bringen.

Wo kreatives Potenzial verborgen ist, kann es zutage gefördert werden. Das ist Kultur, und sie entwickelt sich immer dort weiter, wo jemand eine Störung überwindet. Man muss nur einmal den Begriff Komplexität in den Fokus rücken und all die Möglichkeiten, die damit zusammenhängen: „Aus [Komplexität] entstehen Muster, Formen, Identitäten, die jede Kultur wahrnehmen und verstehen kann.“[7] Es gibt dabei Muster, die tief in die Tradition vieler Kulturen hineinreichen, wie Mathematik, Musik und Malerei. Daraus resultierend entstehen ständig neue Kunstformen, welche die traditionelle Wahrnehmung überschreiten und am Zeitgeist feilen. Das ist die natürliche und undurchdringliche Evolution des menschlichen Bewusstseins. Doch der Mensch kann durchaus bewusst Einfluss darauf nehmen.

Ein außergewöhnliches Beispiel dafür ist der Cyborg-Artist Neil Harbisson. Harbisson hat aus der Störung einer seiner Sinne eine Kunstform gemacht: Er nimmt von Geburt an keine Farben wahr,

---

7 Tammet, Die Poesie der Primzahlen, 113

lediglich Hell-Dunkel-Kontraste, diese Störung nennt sich Achromatopsie. Es geht bei ihm nicht nur um die Verwechslung von Farben, wie bei der sogenannten Farbenblindheit, sondern darum, Farben überhaupt zu sehen. Diese Fähigkeit erlangte er, indem er sich ein drittes, ein elektronisches Auge installieren ließ. Er hat diesen Farbsensor gemeinsam mit seinem Kybernetik-Professor Adam Montandon entwickelt und operativ mit seinem Körper verknüpfen lassen. Dieser Farbsensor erlaubt es ihm jedoch nicht, Farben auf konventionelle Art zu sehen, er hört sie stattdessen. Der Sensor übersetzt die Frequenz von Licht in die Frequenz von Tönen und überträgt diese auf seinen Schädelknochen. Das ist eine künstlich hergestellte Form der Synästhesie.

Die Sinne jedes Menschen funktionieren ganz verschieden und können durchaus zusammenspielen, wenn es um die Wahrnehmung unserer Außenwelt geht. Auch bei tiefgreifenden oder grundlegenden Störungen eines Sinnes, wie etwa Achromatopsie, finden sich überraschende und ganz individuelle Wege, um die Umwelt zu erkunden und etwas Neues aus ihr zu erschaffen. Es ist seine erklärte Motivation, Technik ganz bewusst für die Entwicklung der menschlichen Sinne zu benutzen.

Imagine!

Auch Daniel Tammet hat eine ganz individuelle Art, die Umwelt wahrzunehmen. Er schreibt in seinem Buch *Die Poesie der Primzahlen* über die eigene „Andersartigkeit", die nach der Diagnose endlich einen Namen hatte: „Bis dahin hatte es für sie die verschiedensten Bezeichnungen gegeben: krankhaft schüchtern, überempfindsam, zwei linke Hände (wie es mein Vater ausdrückte). Die Ärzte erklärten nun, dass ich ein hochfunktionaler autistischer Savant sei und eine sogenannte Inselbegabung habe: Die Nervenbahnen in meinem Gehirn bildeten von Geburt an ungewöhnliche Schaltkreise."[8] Wie erwähnt, ist ein Savant nicht unbedingt auch Autist oder Synästhetiker. Daniel vereint alle drei Bewusstseinsformen in sich.

Er hatte als Kind epileptische Anfälle, die synästhetische Wahrnehmungen auslösten. Das Wort *Synästhesie* bedeutet, verschiedene sinnliche Gedankenformen auf einmal wahrzunehmen und mit Emotionen zu verbinden. Synästhesie setzt sich zusammen aus den griechischen Wörtern *syn* (zusammen, Einheit) und *aisthesis* (wahrnehmen, empfinden). Die Wissenschaft meint dabei meist die *audition colorée*, das sogenannte Farbenhören, welches bei jedem andere Formen annimmt.

Die Anlage zu einer sinnesreichen verknüpften Wahrnehmung hat jeder Mensch, dazu gibt es etliche Forschungen, unter anderem vom Hirnforscher Allan Snyder und vom Psychiater Darold A. Treffert. Sie sagen, jeder Mensch habe das Potenzial zu synästhetischen Wahrnehmungen sowie zu savantartigen Begabungen. Treffert leitet diese Annahme von traumatischen Erlebnissen ab, welche die Wahrnehmung völlig verändern können, und zwar so weit, dass Begabungen auch auf Wunderkind-Niveau auftreten können, beispielsweise nach epileptischen Anfällen, so bei Daniel Tammet.[9] Forschungen dazu sollen zeigen, wie Hirnareale bewusst stimuliert werden oder abgeschaltet werden können, wodurch brachliegendes Potenzial ohne traumatische Erlebnisse ins Leben gerufen wird.

Daniels Synästhesie hängt eng mit savantartigen Begabungen zusammen, was nicht bei jedem Synästhetiker der Fall ist. Die savantartigen Begabungen resultieren bei ihm daraus, wie er sich die

---

8 Tammet, Die Poesie der Primzahlen, 10

9 Tammet, Elf ist freundlich und Fünf ist laut, Vorwort Treffert, 10f.

Synästhesie zunutze macht, die natürlich Vor- und Nachteile hat. Daniel hat die Schwierigkeiten der sehr individuellen synästhetischen Wahrnehmungen auf ganz eigene Weise gelöst: So behindert ihn seine Synästhesie beim Rechnen nicht, wie es bei anderen der Fall sein kann. Im Gegenteil, er nutzt seine Synästhesie auf ganz eigene Art. Er schreibt in der Einleitung zu seinem Buch *Die Poesie der Primzahlen*: „Sie fragen sich, wie es wohl ist, Wörter und Zahlen in verschiedenen Farben, Formen und Texturen wahrzunehmen. Sie versuchen sich vorzustellen, mithilfe dieser vierdimensionalen farbigen Formen Summen zu ziehen. Sie suchen dieselbe Schönheit und Emotion, die ich in einem Gedicht wie in einer Primzahl finde. Was soll ich ihnen antworten? Imagine!“[10]

Die Vorstellungskraft ist gefordert, wenn es um subjektive Wahrnehmungen geht, und doch ist diese Denkart gleichzeitig mit einer subtilen Leichtigkeit verbunden, wie Tammet es zeigt: „Ich kann jede Primzahl bis 9973 an ihrer »kieselsteinartigen« Beschaffenheit erkennen.“[11] Diese von ihm wahrgenommene Beschaffenheit bildet seine Inselbegabung, denn dadurch löst er Rechenaufgaben auf eine Art und Weise, wie es kaum ein anderer vermag: „Wenn ich eine Zahl durch eine andere teile, sehe ich vor meinem inneren Auge eine Spirale, die sich in immer größer werdenden Windungen und Schleifen nach unten schraubt. Unterschiedliche Divisionen erzeugen unterschiedlich große Spiralen mit unterschiedlich verlaufenden Kurven. Durch meine mentale Bilderwelt kann ich eine Rechenaufgabe wie 13:97 (0,1340206…) bis auf fast 100 Dezimalstellen genau berechnen. Ich schreibe beim Rechnen nie etwas auf, weil ich die Aufgaben schon immer im Kopf rechnen konnte, und es ist viel leichter für mich, mir die Lösung mithilfe meiner synästhetischen

---

10 Tammet, Die Poesie der Primzahlen, 10

11 Tammet, Elf ist freundlich und Fünf ist laut, 17

Formen vorzustellen, als die Techniken anzuwenden, die in den Schulrechenbüchern gelehrt werden (z.B. »Einen-im-Sinn-behalten« u.ä.). Wenn ich eine Multiplikation durchführe, sehe ich die beiden Zahlen als verschiedene Formen. Das Bild verändert sich, und eine dritte Form taucht auf – die richtige Lösung. Das dauert nur Sekunden und geschieht ganz spontan. Es ist, als würde man rechnen, ohne nachdenken zu müssen."[12]

Diese Spontaneität, mit der ganz selbstverständlich die Lösung auftaucht, ist ein herausragendes Merkmal besonderer Bewusstseinsformen. Es ist eine Geisteshaltung, deren Rationalität ein tiefes Vertrauen in die unendlichen Möglichkeiten unserer Realität zugrunde liegt.

Entzündungen

Die sehr subjektive Art der synästhetischen Wahrnehmung ist für sich allein schon eine Herausforderung in unserer rationalen und oft sehr oberflächlichen Welt. Für Daniel kommen dazu noch Symptome aus dem autistischen Spektrum. Diesen Kampf hat er nach eigener Aussage gewonnen, denn er sagt, er sei „zum Teil über seinen Autismus »hinausgewachsen«".[13]

Dabei sind pathologische Symptome, wie manche aus dem autistischen Spektrum oder Epilepsie, im Grunde Zeichen dafür, dass die Reizungen aus der Umwelt nicht mit der individuellen Wahrnehmung übereinstimmen, oder es besteht ein Ungleichgewicht in der Reizflut. Solche Symptome können Zündstellen sein, die zwar negative Auswirkungen haben und störend wirken, aber durchaus er-

12 Tammet, Elf ist freundlich und Fünf ist laut, 21
13 Tammet, Elf ist freundlich und Fünf ist laut, Vorwort Treffert, 11

kannt, gelöscht und in die richtigen Bahnen gebracht werden können. Auf dem Weg dahin finden sich womöglich neue Verzweigungen, die auch zu einer positiven kreativen Entzündung führen können – dem inneren leidenschaftlichen Funken. Wer sich seine Umwelt so ordnet, dass sie ihm entspricht, sich also die entsprechende Nahrung auf mentaler (und selbstverständlich auch auf physischer Ebene) zuführt, kann die destruktiv wirkenden Zündstellen vermindern.

Ein Gefühl von Déjà-vu

Reizungen sind vielfältig und können sich positiv oder negativ auswirken. Vor allem Hochsensible benötigen ein bewusst entwickeltes Filtersystem, um nicht in der Reizflut unterzugehen. Ganz neutral gesprochen, kann mich etwas reizen, indem ich kreativ stimuliert werde, oder ich werde gereizt von etwas, das meine Kreativität zum Erliegen bringt. Dabei spielen Nervensystem, Emotionen und Sinne zusammen.

Sinne sind erst einmal definiert über die Wahrnehmung von Reizen, dabei stehen Sehen, Hören, Fühlen, Schmecken, Riechen und Gleichgewicht ganz oben in der Wahrnehmung unserer Umgebung. Fische und Vögel haben noch weiter unterscheidbare Sinne, nämlich die instinktive und ausgeprägte Orientierung an elektrischen oder magnetischen Feldern. Daher ist das Spektrum der Wahrnehmung auch beim Menschen nicht auf die ersten sechs Sinne begrenzt. Die Synästhesie ist sozusagen erst der Anfang dieses Spektrums, in dem die Sinne in korrelativer Art und Weise Berührungspunkte gleich Stromschlägen entzünden, die das Bewusstsein sinnlich in ungeahnte Höhen und Tiefen schrauben können. Die synästhetische Wahrnehmung spielt sich dabei auf einer Ebene ab, die bewusst als mental erkannt wird. Sie wird von Synästhetikern, die sich über ihre Art der Wahrnehmung bewusst sind, nicht mit der physikalischen Objektebene verwechselt.

Dabei ist Synästhesie etwas sehr Subjektives, keine synästhetische Form gleicht exakt einer anderen. Und nicht jeder – oder vielleicht niemand sonst – kann so selbstverständlich mit Zahlen umgehen wie Daniel Tammet. Dabei können synästhetische Wahrnehmungen das Begreifen von Zahlen erleichtern oder unterstützen.

Wer seine mentalen Bilder trainiert, kann dadurch sinnliche Fähigkeiten entwickeln, die das menschliche Vermögen zu übersteigen scheinen, wenn man den führenden Forschern in diesem Fachgebiet Glauben schenken darf. Es ist aber auch eine Hilfestellung, um den Alltag leichter bewältigen zu können, um darüber hinaus seinem kreativen Denken Raum zu geben.

Bei diesem Training hilft vielfach Musik. Durch akustische Stimulation kann man eine bestimmte mentale Entspannung und eine spezielle Atmosphäre wahrnehmen, verbunden mit einer Landschaftsform. Das klingt nichtssagend, doch das Gefühl ist das weithin bekannteste und vielleicht auch beliebteste: Das Zuhausesein (und zwar als geistige Haltung). Damit überspannt man sein Leben in all seinen Facetten mit Freude, wodurch sich stressige Situationen leichter akzeptieren lassen. Aber auch ohne Musik gibt es Situationen, in denen die mentale Entspannung verbunden ist mit einer bestimmten warmen Atmosphäre, von der angenommen wird, sie bestehe im Einzelnen durch das Zusammenspiel seiner Gefühle und Sinne.

So nimmt man auch Klänge wahr, gekleidet in Atmosphären und Bilder. Es gibt warme Klänge und kalte Klänge, orangefarbene, samtige Atmosphären und dunkelgraue, metallische Atmosphären. Es sind Gefühl und Atmosphäre gleichzeitig, in denen oft Horizonte mit Bäumen oder ein nächtliches Lichtermeer einer Stadt vor Hügeln imaginär sichtbar sind. Das ist stets Hintergrund einer momentanen Reflexion in der Realität.

Es öffnen sich durch solcherlei Wahrnehmungen neue Türen im Bewusstsein, denn plötzlich kann die starre Zeit aufgebrochen werden, und man kann sich neu ordnen und orientieren. Recherchen zeigen, dass in diesen Momenten Vergangenheit, Gegenwart und Zukunft nicht mehr unbedingt als getrennt voneinander wahrgenommen werden. Genauso können Realität und Traum viel enger miteinander verbunden sein als sonst – es können sogar Gefühle eines Déjà-vus und eines vergangenen prophetischen Traumes zusammen auftreten.

Man taucht in einer synästhetischen Wahrnehmung tief in einen speziellen Moment ein. Ein Zitat von Rainer Maria Rilke ist vielleicht eine Annäherung daran, vielleicht beschreibt es aber auch eine Art von Halluzination, die noch erläutert wird: „Da stellten sich mir, seit einer ganzen Zeit schon, morgens beim Erwachen oder an den Abenden, da man die Stille hörte, Worte ein, die aus mir austraten und im Recht zu sein schienen, Gebete, wenn man will, – ich hielt sie dafür, ja nicht einmal: Ich sprach sie hin und ordnete mich an ihnen für das Unbekannte des Schlafs oder des beginnenden Tags. Aber endlich fiel mir die Stärke und das Wiedereinsetzen dieser inneren Diktate doch auf, ich begann eines Tages, Zeilen davon aufzuschreiben, das Aufschreiben selbst bestärkte und lockte die Eingebung, zu der unwillkürlichen Freude der inneren Bewegtheit kam die Lust an dem, was nun schon Arbeit war, und über diesem Eingehen auf eine innere Akustik bildete sich in steten Fortschritten das heraus, was Sie als das Buch vom mönchischen Leben kennen.“[14] Die mentalen Wahrnehmungen können so verschieden sein, dass es oft schwie-

14 http://www.marschler.at/worte-rilke-briefe-gerding.htm, abgerufen am 16.01.2016

rig ist, eine klare Grenze zwischen Synästhesie und Halluzination zu ziehen. Oft sind die Grenzen verschiedener Bewusstseinsformen fließend.

Vielleicht finden sich Fragmente dieser unbegrenzten Bewusstseinsform auch in der Theorie des deutschen Philosophen Schelling, der den sogenannten Somnambulismus mit der Unsterblichkeit der Seele in Zusammenhang bringt. Das Bewusstsein ist nicht auf das Tagewerk begrenzt. Es sind vielmehr unendliche Schichten, die wir durch das Zusammenspiel unserer Sinne erkunden können, um das Unbekannte sowohl im Wachzustand als auch im Schlaf zu erforschen. So scheinen ungewöhnliche Bewusstseinsformen andere Ebenen anzusprechen als die alltägliche. Es kann das ganze Wesen sogar zu einem Brennpunkt werden, „in dem sich Vergangenheit, Gegenwart und Zukunft vereinen".[15]

Dabei geht es nicht darum, idealistisch zu sein und Unsterblichkeit zu proklamieren oder starr wissenschaftlich objektiv zu beschreiben. Es soll gezeigt werden, wie das Zusammenspiel der Sinne das menschliche Gefühl des Zuhauseseins im Herzen hervorrufen können, wodurch man seine Haltung gegenüber der Welt vielleicht ein klein wenig authentischer gestalten kann.

Essenzen, ihre Kristalle und gefrorene Musik

Wer seine besondere Bewusstseinsform für sich entdeckt, könnte auch sagen: „Es ist, als würde man in seinem geheimen Garten ankommen." So berichten Synästhetiker, dass man das Gefühl hat, nach einer langen Suche endlich zu Hause zu sein. Das körperliche

15 Schuré, 464

Empfinden dabei kann heiß und kalt zugleich sein, man empfindet wohlige Schauer am ganzen Körper oder Kribbeln an bestimmten Kopfbereichen, wie Daniel Tammet es beschreibt.[16]

Wenn man diese Empfindungen einmal begreift und dann in Worte transferiert, wie die großen Literaten es gemacht haben, dann erhält man die poetischste Sprache, die reinste Essenz des Lebens. So wird das Leben wahrnehmbar durch innere Bilder, die sich fragmentarisch in Metaphern und Symbolen wiederfinden können. Über Kunst kann die Synästhesie allen Menschen zugänglich sein.

Teil dieser Ästhetik ist natürlich auch die negative Seite, die genauso dazu gehört wie die wohligen Wahrnehmungen. So fühlen manche beim Hören des Lautes *sch* auditiv-emotional eine Ohrfeige. Je zischender, desto stärker, nicht umsonst wird daher mit dem Zischen der Schlange und der gespaltenen Zunge heimtückisches Verhalten assoziiert.

Leben bedeutet, eine Art Gefäß für diese Wahrnehmungen zu bauen, um diese wiederum zu reflektieren. Dies führt jeder nach seiner eigenen Ordnung aus.

Neben dieser sehr subjektiven Wahrnehmung existieren Punkte, über die sozusagen alle Menschen verknüpft sind: Über das Zusammenspiel der Sinne ergibt sich eine Ästhetik, die der Struktur des Nervensystems gleicht. Darüber sind alle vernetzt. Wir stimulieren uns gegenseitig und setzen dabei Impulse frei, die wiederum unsere Umgebung beeinflussen. Alle menschlichen Sinne können im Zusammenspiel ganz kleine oder ganz große Bilderwelten erschaffen. Über das Zusammenspiel von mehreren unserer Sinne entsteht die synästhetische Wahrnehmung.

Bestimmte Impulse rufen individuell verschiedene innere Bilder

---

16 Tammet, Elf ist freundlich und Fünf ist laut, 234; 251

hervor, die auf Erfahrungen und Gefühlen basieren. Innere Bilder können auch Gemeingut werden, indem sie durch die Kultur festgehalten werden. Schon im Städtebau manifestieren sich Vorstellungen und Träume der Architekten und Städteplaner. Der Synästhetiker Goethe sagte: „Architektur ist gefrorene Musik."

Verzauberte Wandelwelten

In ihrer Vernetzung stehen die Imaginationen zwischen Wahrnehmung und Stimulationen. Eine Namensgebung wie „Die Stadt der Träume" für Las Vegas oder „Die Stadt der träumenden Turmspitzen" für Oxford resultiert aus der inneren Bilderwelt. Diese rührt wiederum von einer bestimmten, sehr subjektiven Form der Wahrnehmung her. Man könnte diese Wahrnehmung auch auf einer traumähnlichen Ebene ansiedeln, die durch architektonische Formen greifbar und begreifbar wird.

Solche Bildmotive hängen eng mit Märchenerzählungen zusammen. Auch in der Literatur werden die inneren Bilder festgehalten und zum Gemeingut. Literaten bedienen sich der Synästhesie nicht nur als rhetorisches Mittel. Die Basis sind wahrgenommene Gedankenformen, die in Erzählungen vermittelt und in Worte gekleidet zu Papier gebracht werden. Erst auf der Wortebene kommt dann das rhetorische Mittel der Synästhesie zum Einsatz, wie im Adjektiv »bittersüß«. Hier werden zwei Geschmacksnuancen auf einmal wahrgenommen und beschrieben, doch das ist nur ein klitzekleines auskristallisiertes Resultat synästhetischer Wahrnehmung, ein Puzzleteil unserer vernetzten Welt, die sich ständig wandelt.

Genauso ist das Zusammenspiel von Farben und Buchstaben nur ein Fragment dieser Art von subjektiver Wahrnehmung. Wer von klein auf einen samtenen dunkelgrünen Farbton wahrnimmt, wenn er die Initiale »R« hört, und ein Farbspektrum von Gelb, über Orange bis Rot bei einem »O«, für denjenigen sind Menschen, die sich ihm mit ihrem Namen vorstellen, dementsprechend in Farben gehüllt. Hier spielen auditive und visuelle Reize zusammen. Daniel Tammet berichtet in seinem Buch *Elf ist freundlich und Fünf ist laut*, er verbinde die Initiale »T« mit der Farbe orange und ein »W« mit Blau.[17] Es ist wie eine Art meditative Übung, wenn man einen Buchstaben visualisiert, um die Farbqualität zu erfassen. Auf diese Weise kann jeder seine synästhetische Wahrnehmung ordnen und trainieren.

Die Synästhesie meint also eine spezifische mentale Wahrnehmung, bei der innere Bilderwelten entstehen, ausgelöst und gewandelt durch Sinnesreize. Reize von außen können Anspannung bewirken und diese mentalen Welten verschleiern, ja gänzlich von der Wahrnehmung entfernen oder aber stimulieren und ins Fließen bringen. Das können klassische Musik, lateinamerikanische Rhythmen und der Klang stimmhafter Laute sowie das Paradigma der Vokale sein, die in romanischen Sprachen besonders stimulierend klingen. Oder das gesungene »R« – ein wundervolles Mittel zum Anstoß für kreatives Denken. Ständige Dauerberieselung aus dem Radio im Hintergrund jedoch, genauso wie grelle sich überlagernde Reizebenen, Geschrei und unnatürliche Lichtblitze, wirken häufig gegenteilig.

Auch bestimmte Räume haben Einfluss auf die mentalen Welten. Bibliotheken, so berichten viele Hochsensible, sind stets eine große Anregung allein aufgrund der Anordnung der Bücher, Regale und Tische. Vollgestopfte Räume voller Menschen, Lärm oder lauter Musik hingegen vernebeln die Sinne und können sogar starkes Schwindelgefühl erregen.

---

17 Tammet, Elf ist freundlich und Fünf ist laut, 28

Neben Schwindelgefühlen berichten Hypersensible auch von konzentrierter Freude. So kann das Verweilen in entspannenden Gedankenwelten nicht nur Wohlgefühl, sondern auch pure Freude hervorrufen, wie das gemeinsame Erleben bei Konzerten. Das kann bis zu ekstatischen Glücksgefühlen reichen.

Bei Daniel Tammet ist die synästhetische Wahrnehmung die Grundlage für seine außergewöhnlichen Fähigkeiten als Savant. Savants sind Menschen, die beispielsweise eine Fremdsprache in kürzester Zeit erlernen und sich schier ungeheure Mengen an mathematischen oder anderen Mustern einprägen können, wie im März 2004 Daniel Tammet 22.514 Dezimalstellen der Zahl Pi auswendig rezitiert hat.

Das ist natürlich keine Zauberei, wie es Savants oft nachgesagt wird, sondern Ergebnis harter Arbeit, in die alle Sinne und die ganz individuelle Art der Wahrnehmung von Zahlen miteinbezogen werden. Daniel Tammet beschreibt dieses europäische Rekordereignis, das in Oxford stattfand, in seinem Buch *Wolkenspringer*: „Dadurch war ich in der Lage, die Ziffern von Pi vor meinem inneren Auge zu visualisieren und zu erinnern wie ein vorüberziehendes Zahlenpanorama, dessen Schönheit mich ebenso verzückte wie verzauberte. [...] Die öffentliche Rezitation von Zahl um Zahl um Zahl entwickelte sich für mich, während ich mich immer mehr dem Strom der Zahlen überließ, zu einer Meditation. Obwohl die Ziffern von Pi, mathematisch gesprochen, völlig willkürlich aufeinander folgen, war meine innere Repräsentation alles andere als das – erfüllt von rhythmischen Schlägen und Strukturen aus Licht, Farbe und Persönlichkeit. Ich konnte aus dieser willkürlichen Ziffernansammlung eine Art visuelle Melodie komponieren, die sich durch jeden Winkel meines Geistes zog und mich befähigte, die Musik der Zahlen zu hören.“[18]

18 Tammet, Wolkenspringer, 71f.

Es ist also eher die Verzauberung, die Daniel Tammet durch die Zahlenlandschaft Pi erlebt, die Grundlage für diese außergewöhnliche Leistung. Deshalb macht nicht das rationale Denken einen Savant aus, sondern die Fähigkeit, eine leidenschaftliche Verbindung zur Zahl Pi herzustellen, sich ihr ganz zu öffnen und sie mit allen Sinnen zu erleben oder gar in ihr wie in einer komplexen Welt zu wandeln.

Schichtwerk, Puzzles und ein geheimer Garten

Immer schon hat den Menschen die Frage beschäftigt, wie Sinne die Realität beeinflussen. In dem Puzzlespiel zwischen Mentalität und Realität ist das Ideal: Authentizität als harmonische Syn-Ästhetik. Doch wie kommen wir bei all den medialen Reizen dahin, den eigenen authentischen Kern wahrzunehmen?

Wer dorthin findet, kann gleichzeitig auch sein verborgenes Potenzial entdecken, denn das eine hängt unmittelbar mit dem anderen zusammen. Ein Weg ist die Überwindung des rationalen Denkens, das oft mit Vorbehalten und Ignoranz verbunden ist. Beides schränkt das Bewusstsein erheblich ein.

Die Erweiterung des Bewusstseins war von jeher Thema in den verschiedenen Künsten. Doch sollte diese Erweiterung meines Erachtens nicht auf künstliche Art und Weise geschehen, etwa durch Drogen welcher Art auch immer, sondern auf authentische Art. Diese kommt von innen heraus, natürlich in Reflexion mit der Umgebung. Es geht darum, eine Kunst- oder Lebensform zu finden, die mit der eigenen Bewusstseinsform in Einklang steht.

Wir sind alle in gewisser Weise auf der Suche nach dem idealen Seinszustand und umgeben uns dafür tagtäglich mit maßvoll bewusstseinserweiternden Mitteln wie Musik oder Kunst. Geschulte Ohren und Augen erfahren in ihrem Sinnesreichtum ab einem bestimmten Punkt des Erlebens und der Reflexion eine Essenz. Jede Übung, wie Musikhören oder der Genuss einer Kunstform, wird so irgendwann zu stark konzentrierten und gleichzeitig entspannten Sinnen führen.

Dabei ist die mentale Stille zentral, um die Sinne effektiv konzentrieren zu können. Dazu gehört die Wahrnehmung von Träumen genauso wie die Realität, natürlich immer in gesundem und verantwortungsbewusstem Verhältnis zueinander. Eine gewisse Naivität spielt dabei eine wichtige Rolle. Wenn man sich intuitiv seiner Suche hingibt und dabei andere nicht beeindrucken will, sondern bewegen mag, weil man selbst bewegt wird, ist das die natürlichste Grundlage für die Evolution des eigenen Bewusstseinszustandes.

Hingabe bewegt uns und lässt uns Ausdrucksformen finden. Jeder von uns hat die Fähigkeit zum Dialog, und jeder lebt sie anders aus. Dabei gibt es immer bestimmte Sinnesreize, die Wahrnehmung aktivieren oder blockieren. Um herauszufinden, welche davon Bewusstsein beschränken, ist es sinnvoll, außergewöhnliche Bewusstseinsformen zu erforschen. Das wird sich im Verlaufe dieses Buches herausstellen. Der Fokus liegt dabei auf subjektiven Eindrücken, die eine Wahrnehmung ja überhaupt erst definieren können.

Es gibt zu diesem Thema viele Bücher mit rein wissenschaftlichem Ansatz, der beispielsweise neurophysiologisch erklären kann, dass elektrische Impulse Hör- und Sehzentrum gleichzeitig stimulieren können und dadurch die Fähigkeit zum Farbenhören entsteht. Das ist nicht das Ziel des vorliegenden Buches. Es beleuchtet vielmehr den Aspekt der Philanthropie und die Qualität des menschlichen Augenblicks, durch den wir immer wieder neue Bewusstseinsebenen erkunden können.

Die Resonanz – die Art des Zusammenschwingens – ist dabei entscheidend. Durch diese individuelle, nicht wiederholbare Art kann das Bewusstsein neue Formen annehmen: Zeitliche Verschmelzung, Rausch und Ekstase sind Teil davon. Man kann die verschiedenen Färbungen einer Situation wahrnehmen lernen, so wie man verschiedene Abzüge eines Traumbildes erkennt. Das Bewusstsein ist Schichtwerk, bestehend aus einem Puzzle von inneren Bildern und äußeren Impulsen, die scheinbar willkürlich Visionen und kreatives Denken auslösen.

Vielleicht kann man gerade, wenn man das rationale Denken versteht sowie integriert und sich dem öffnet, was an Denkformen darüber hinaus existieret, die fade, gewöhnliche Oberfläche des Realen durchdringen und zu interessanten Bewusstseinsschichten gelangen. Gerade über das Fantastische, das Imaginäre und das Sinnliche lassen sich Türen zu geheimen Gärten öffnen, die das rein rationale Denken nicht erschließt.

Denkstrukturen

Mystik ist etwas nicht vollständig Durchdringbares. Man könnte die Mystik auch mit einer demütigen Haltung übersetzen; und genau darum geht es auch in der Religion: Man versucht, sich zu entdecken, seinen authentischen Kern, und dabei eine Haltung zu finden, die für alle hilfreich ist. Da geht es oft um subtile empathische Haltungen in sozialen Begegnungen, die darüber entscheiden, wer man ist. Es gibt viele soziale Beziehungen, die Bruchstücke hinterlassen, und andere, welche Neues erschaffen und die Kreativität stimulieren.

Die mentale Ordnung ist hierbei grundlegend für die Frage: Mit wem kann ich in geistige Höhen fliegen, auf einer Welle schwimmen oder auf demselben Gleis fahren? Es handelt sich bei jeder Begegnung um eine andere Schwingung oder Resonanz, die immer einen Teil der eigenen mentalen Ordnung spiegelt oder die Fähigkeit, sich auf die Situation einzulassen.

Wie kann man seine Realität bewusst liebevoll gestalten? Teile davon sind eben keine automatischen Handlungen, die den Alltag oft dominieren. Durch Manipulation kann dies natürlich nicht gelingen, sondern allein durch Heilung – und zwar auf Basis der Resonanz. Nach dem kabbalistischen Lebenskonzept *Tikkun olam* ist das Leben Heilung durch Ordnung und Schwingung. So wird die innere Haltung und das äußere Handeln auch im kabbalistischen Lebenskonzept des Tikkun olam als ein Zusammenfügen von Bruchstücken beschrieben, nach dem »Bruch der Gefäße«. Diese kabbalistische Sichtweise zeichnet das Leben wie ein einziges großes Puzzle.

Tikkun olam, die Heilung der Welt, das Zusammenfügen der Bruchstücke, kann also als Grundlage jeglichen Handelns angenommen werden. Wenn wir zu dieser Sichtweise pathologisches Verhalten dazu nehmen, wie etwa extremen Ordnungszwang, könnten auch Pathologien als Teil der Heilung gelten, als Teil eines stabilen Moments, in dem es darum geht, eine bestimmte harmonische Schwingung herzustellen, um den Moment tragen, erleben oder auskosten zu können.

Die persönliche Ordnung beginnt oder endet in den Alltagsgegenständen. Jeder Mensch braucht eine gewisse Ordnung: Die eine sieht nach neurotischem Zwang aus, die andere nach absolutem Chaos. Dabei ist Ordnung subjektiv, weil Denken subjektiv ist. Jeder Mensch lebt nach einer anderen Denkstruktur, und diese spiegelt sich in dessen Ordnung oder Chaos. Denkstruktur meint natürlich nicht allein das rationale Denken, sondern den gesamten Bewusstseinszustand des Individuums. Das ist insbesondere bei der unerklärlichen Intelligenz von Wissenden, den sogenannten Savants, wichtig, deren Intelligenzformen das Rationale weit übersteigen.

Genialität ist: Liebe filtern

Woraus besteht die erzeugende Kraft, das Genie? Und warum leben einige Genies mit speziellen und herausragenden »Begabungen«? Diese Frage stellt sich vor allem in Bezug auf die digitalen Mittel der Reproduktion von Kunst. Was bedeutet Genialität in Zeiten der Digitalisierung? Die Antwort darauf lautet simpel: Vor allem der Hypersensible braucht gut geformte, bewusste Filter, um mit den zunehmenden Reizen zurechtzukommen. Andererseits bietet die Digitalisierung mit ihren schier unendlichen Inhalten und Möglichkeiten zur Reproduktion eine ebenso exponentielle Schanze zur Entwicklung der menschlichen Fähigkeiten, zu denen auch Genialität zählt. Jeder Mensch verfügt über besondere Begabungen. Er kann sie entdecken, indem er seine Denkstrukturen ordnet und Resonanz dazu herstellt.

Vielleicht beschreibt folgendes Zitat aus Daniel Tammets Buch *Wolkenspringer* es ganz treffend: „Genialität in all ihren Schattierungen lässt sich nicht auf eine bloße Merkwürdigkeit des Gehirns zurückführen; sie ist das Ergebnis von wesentlich chaotischeren, dynamischeren und zutiefst menschlichen Eigenschaften, zu denen unter anderem Beharrlichkeit, Fantasie, Intuition und nicht zuletzt die Fähigkeit zu lieben gehören."[19]

Diese Fähigkeit zu lieben besteht zunächst darin, sich selbst mit all seinen Ecken und Kanten anzunehmen, um dann zu den besonderen

---

19 Tammet, Wolkenspringer, 9

Fähigkeiten vorzustoßen. Richtet man sich nach diesen aus und ordnet sich entsprechend, ist es so, als forme man ein Sieb zur Filterung. Es findet schließlich diejenige kreative Kraft ihren Weg durch diesen Filter, nach der man sich unbewusst und bewusst ausrichtet. Habe ich das Ziel, mich selbst und andere durch mein Schaffen zu bewegen, filtere ich Liebe und stoße vor zu ungeahnten Regionen menschlicher Fähigkeiten.

Töne, Zahlen und Buchstabensalat

Musik verbindet und stimuliert kreatives Denken

Bei der Zellteilung beginnt unsere Beziehung zur Musik, heißt es im Film A*live Inside – A Story of Music and Memory* von Michael Rossato-Bennett: „Dieser erste Impuls stößt Zellen in der Nähe an, und alle Zellen schlagen in rhythmischem Einklang, diese Zellen teilen sich und formen das Herz. Dieses Streben nach Rhythmus und Einklang treibt unser ganzes Leben an, wir streben unser ganzes Leben danach, dieses wiederherzustellen."Ein Bild, welches das Herz berührt – und genau das kennen wir alle von Musik, die uns wirklich bewegt. Musik kann Herzen öffnen und das Gefühl vermitteln, man sei mit der ganzen Welt verbunden. Der Rhythmus, der einen bewegt, kann jedoch nicht nur Verbundenheit schaffen.

Er kann auch bei Menschen, bei denen längst Alzheimer diagnostiziert wurde, Erinnerungen hervorbringen, . Der Film *Alive Inside* zeigt, wie Musik ganz unvermittelt Erinnerungen ins Gedächtnis rufen kann, die ohne Musik nicht vermittelbar waren. Es ist, als könne Musik etwas im Kreislauf des Lebens stimulieren, das nur dieser eine Rhythmus oder dieser eine Klang für eine bestimmte Person vermag.

Musik erschafft also Identität durch eine ganz besondere Verbindung, die nicht allein neurologisch ist, sondern zutiefst emotional-kreativ: Musik bringt Leidenschaft hervor, wie kein anderer Impuls es vermag. Im Film heißt es: „Medizin kann den Funken oder das Licht dimmen, sie bringt sie nie hervor, wie die Musik." Das zeigt sich auch im Weinen eines Neugeborenen, welches das Sprachmuster der Mutter widerspiegelt. So sind Klänge und Rhythmen identitätsstiftend.

Wenn Menschen sich selbst vergessen haben, wie Alzheimer-Patienten, oder wenn junge Menschen gerade damit begonnen haben, ihre besondere Bewusstseinsform zu erkunden, sind Impulse erforderlich, die eine Resonanz mit dem menschlichen Inneren herstellen. In diesem Sinne meint Erinnerung eine Innerlichkeit, die stets da ist (in immer veränderter Form abgerufen werden kann), aber durch verschiedene, sich verändernde Reize überlagert wird. Nicht jeder schafft es ständig, aus sich heraus diese Innerlichkeit zu erreichen. So kann Musik ein Mittel sein, das einem dabei hilft, im wahrsten Sinne an seinen authentischen Kern zu gelangen – und zwar durch Resonanz.

Der Sänger Philippe Jaroussky sagte in einem Interview: „Die Stimme ist der Spiegel der Seele." Auch dabei geht es um die Schwingung, die man transportiert: Man offenbart sich akustisch durch seine Stimmbänder und kann dabei ansatzweise selber ablesen, wer man ist. Die Stimme ist sozusagen Spiegelfragment zur Selbstwahrnehmung.

Sich selbst zu erkunden, ist im Grunde der kreativste Schaffensprozess, jede Form, die wir mit unserer Stimme, unseren Händen oder mit unserem Bewusstsein erschaffen, dient dazu, uns besser kennenzulernen und zu entdecken, dass jeder Mensch in einer ganz besonderen Bewusstseinsform lebt und diese tagtäglich erhält und neu erschafft.

Assoziatives Denken

Auch die synästhetische Wahrnehmung eines phonetischen Lautes ist ein Bruchstück, durch das man sich selbst erfahren kann. Diese bewusste Erfahrung ist notwendig, wenn man Laute oder Zahlen intensiv erlebt. Die Realität ist dabei sehr subjektiv in ihrer sinnesreichen Erfahrung, ganz gleich, ob es sich um einen Laut oder um eine Zahl handelt.

Daniel Tammet schreibt, er erfahre die Zahl Eins so, als ob ihm jemand „mit einer Taschenlampe direkt in die Augen leuchten würde. Fünf ist ein Donnerschlag oder der Klang von Wellen, die gegen Felsen branden."[20] Andere zucken mental, fast körperlich, zusammen, wenn der Sprecher ein ausgeprägtes »sch« in seinen Buchstabenmix hineingibt. Hier ist Selbstkontrolle gefragt. Wer nicht als wunderlich gelten will oder nicht ständig ein „Was hat die denn?" hervorrufen mag, kann nicht jedes Mal die Augen zukneifen und sich gleichzeitig vom Gesprächspartner abwenden, sobald er die Zahl Eins sieht oder ein »sch« hört – darin besteht teilsweise die Kunst des Lebens für Hypersensible, Neurountypische, Synästhetiker, Autisten und all diejenigen, die sich mit diesen Phänomenen ein Stück weit identifizieren können.

Doch um zu dieser Kontrolle zu gelangen, muss man sich und seine subjektive Wahrnehmung kennenlernen. Die individuelle Erfahrung der Realität funktioniert nämlich ganz anders als das, was in der Realität als Konsens gilt. Im Grunde kristallisieren sich die subjektiven Eindrücke gemeinhin als Konsens heraus. Die Art, wie jemand den Laut »sch« gleich einer fast haptischen Ohrfeige wahrnimmt, ist zwar für sich genommen individuell, doch damit steht er nicht alleine.

---

20 Tammet, Elf ist freundlich und Fünf ist laut, 18f.

Die Wahrnehmung, je zischender, desto heftiger, kann mit dem Hinweis von Sprachwissenschaftlern verbunden werden, die darauf hinweisen, „dass einige strukturelle Wortmerkmale, die man normalerweise nicht mit irgendeiner Funktion verbindet, wie etwa bestimmte Phonemgruppen am Anfang eines Wortes, eine merkliche Auswirkung auf den Leser oder Hörer haben. Zum Beispiel bei Wörtern, die mit »schl-« beginnen, wie schlaff, Schlamm, Schleim, schlabbrig, Schlampe, Schlange, schläfrig, schludrig und ähnliche mehr, die alle negative Assoziationen wecken und zum Teil extrem abwertend sind."[21]

Das sind diejenigen Assoziationen, die sich aus den individuellen synästhetischen Eindrücken ergeben. Alle diese Wahrnehmungen zusammengenommen kristallisieren in einem synästhetischen Konsens, nämlich in dem Zischlaut, mit dem die Schlange assoziiert wird: Ein Tier, das mit gespaltener Zunge die olfaktorische Welt erkundet und so blitzschnell zubeißen kann, dass kaum eine menschliche Reaktion als Schutzmechanismus ausreicht. Kein Wunder, wenn wir ein solches Verhalten als hinterlistig interpretieren; denn es gibt eine Assoziation zwischen Zischlaut und Hinterlistigkeit. Diese Assoziation steht als kulturelles Symbol in der Öffentlichkeit – es ist der Kristall einzigartiger Korrelationen zwischen den Sinnen. Bei der Schlange spielen natürlich noch die biblische Symbolbildung und die anatomische Grundlage des Zischens eine Rolle.

Diese kulturell geprägte Assoziation ist also keine sich herauskristallisierende synästhetische Wahrnehmung, sondern auskristallisierter Konsens. So klassifiziert auch die Wissenschaft die Assoziation nicht mehr als Synästhesie. Die liegt nämlich einen Schritt weiter vorne, im symbolbildenden Schritt der Schlange als hinterlistiges

21 Tammet, Elf ist freundlich und Fünf ist laut, 213

Wesen. Die kulturell geprägte Assoziation hingegen ist der Kristall vieler Synästhesien. Deshalb kann die symbolische Assoziation keine Synästhesie sein, die Richtung ihrer Formbildung ist eine andere. Assoziatives Denken kann jedoch Teil von Synästhesie und von anderen besonderen Bewusstseinsformen sein.

Der Wow-Faktor

Assoziativ-synästhetisches Denken ist oftmals stark emotional geprägt. Schnell sagt ein Hypersensibler „Wow!" zu etwas, das andere nie im Leben bemerken würden. Wenn Daniel Tammet auf einem Schild eine Zahl sieht, die er besonders schön findet, kann es mitunter vorkommen, dass er vor Freude und Aufregung zittert, schreibt er.[22] Denise Linke schildert eine Art Hyperfokus: „Zieht mich [...] etwas plötzlich in den Bann [...], dann ist meine Konzentration zu 110 Prozent scharf gestellt [, dann] [...] kann ich das Drumherum komplett ausschalten. Als würde ich plötzlich statt durch ein Weitwinkelobjektiv durch ein kleines Fernglas schauen."[23]

Etwas neutraler ausgedrückt, liegt diesem Fokus ein Interesse zugrunde, fast eine Hingabe, durch die eine emotionale Verbindung zu einem Detail entstehen kann, das ein anderer womöglich gar nicht bemerkt. Es ist so, als würde das Bewusstsein sich mit tausend und einer Türe für etwas öffnen, es ins Herz schließen oder einfach nur „Wow!" sagen.

Wie jede Medaille zwei Seiten und jeder Mensch zwei Gesichter hat, so verhält es sich auch bei dieser Bewusstseinsform. Im Sinne von „Die schlechte Nachricht zuerst!" seien hier zunächst die Nach-

---

22 Tammet, Elf ist freundlich und Fünf ist laut, 22
23 Linke, 25f.

teile genannt: Die bestehen im Overload – den wahrgenommenen Auslöser bezeichnet Denise Linke als *Geräuschgulasch*. Es handelt sich dabei um eine Überforderung der Sinne, welcher der Hypersensible manchmal nur entkommen kann, wenn er sich die Ohren zuhält und sich kurz in sich zurückzieht. Oder er verfolgt ganz starr einen Plan – schaltet scheinbar die Emotionen aus. Doch oft lauert hinter der nächsten Ecke schon das nächste „Wow!" oder das nächste auditive Gulasch.[24]

Diese emotionale Verwirrung anderen zu vermitteln, ist laut Denise Linke eine Herkules-Aufgabe: „Es fällt schon schwer, wenn man gemütlich zusammen am Küchentisch sitzt. Weil man am Ende doch immer klingt wie ein Idiot. Manchmal wünsche ich mir, dass es möglich wäre, einfach zu sagen: Ich kann nicht mehr, ich möchte jetzt gern nach Hause gehen. Dass die Menschen das dann akzeptieren und mir nicht krummnehmen würden. Dass es kein Problem wäre und mich niemand für unhöflich hielte."[25]

Doch genau das müssen alle Hypersensiblen tun: Sie müssen sagen, was sie empfinden, damit das Bewusstsein für diverse Bewusstseinsformen wächst. Das erscheint vielleicht wie eine Schlange, die sich in den Schwanz beißt, doch wenn sie es nicht mitteilen, bleiben die Nachteile der Hypersensibilität auf der schwereren Seite der Waage liegen. Und genau daran arbeitet Denise Linke als Autorin und auch als Herausgeberin des famosen Magazins für Autisten, AD(H)Sler und Astronauten namens N#MMER.

Diese Arbeit offenbart zugleich die Vorteile der Hypersensibilität, nämlich Kreativität, und darüber hinaus gleichsam astronautisch ungewöhnliche Fähigkeiten, auch *Savant-Syndrom* genannt. Das Wort »Savant« kommt aus dem Französischen und ist abgeleitet vom Verb

---

24 Linke, 23-26
25 Linke, 26f.

»savoir«, das mit »wissen« übersetzt wird. Doch handelt es sich dabei nicht um das rationale Wissen, sondern um ein zutiefst emotionales. Man könnte es auch einfach ausdrücken und sagen: Wer stark emotional mit Tönen, Zahlen oder Buchstaben verbunden ist, der verinnerlicht sie stärker. Deshalb ist das Erinnerungsvermögen eines Savants nicht zwangsläufig mit einem fotografischen Gedächtnis gleichzusetzen, wie es landläufig gemacht wird. Wenn man sich das Gehirn eines Savants bildlich vorstellen mag, ist es eher mit einem komplexen und subtilen mentalen Netzwerk vergleichbar als mit einem Fotoapparat.[26] Daniel Tammet schreibt über den außergewöhnlichen Savant Kim Peek (dessen Leben als Vorlage für die Figur des Raymond Babbitt im Film *Rain Man* diente):

„Die Erkenntnis, dass Savants in Wahrheit kein fotographisches Gedächtnis besitzen, macht deutlich, wo die Grenzen ihres Erinnerungsvermögens liegen. Banale Informationen erinnert Kim zum Beispiel nur, wenn sie mit Themen zusammenhängen, die ihn interessieren. So ist sein Gedächtnis weit weniger fähig, ein Gedicht aufzunehmen, als eine Liste mit historischen Daten."[27] So sind „Savant-Begabungen […] Ergebnis lebendiger menschlicher Vorstellungskräfte und nicht von starren maschinenähnlichen Prozessen".[28]

Dabei liegt die Kunst darin, das assoziative Denken kreativ in den Alltag einzubinden. Dafür muss der Hypersensible sich emotional im Griff haben und nicht nur auf Impulse reagieren, indem er das Gehörte und Gelesene mit in sein mentales Netzwerk flechtet. Kreativität benötigt Extraktion von entsprechenden Informationen; und die wiederum vorausschauendes Denken und das Begreifen von gesellschaftlichen Mustern und dem gemeinhin gültigen Konsens.

26 Tammet, Wolkenspringer, 72f.
27 Tammet, Wolkenspringer, 73
28 Tammet, Wolkenspringer, 31

Doch Hypersensible laufen Gefahr, entweder in einem Overload stecken zu bleiben oder in wunderhübschen individuell wahrgenommenen Details, und kommen womöglich gar nicht dahin, sich in den Konsens einzufühlen, weil sie mit der individuellen Reizflut beschäftigt sind.

Deshalb dauert es bei Hypersensiblen oft länger als bei neurotypischen Menschen, bis sie sich der »White Lies« bedienen, der kleinen Notlügen, die im sozialen Kontakt so hilfreich sein können. So entstehen Situationen wie jene aus Denise Linkes Schulzeit: „Wenn mich jemand fragte, wie ich sein neues Hemd fände, und mir gefiel es nicht, dann sagte ich: »Hässlich!« Manchmal passiert mir das jetzt noch. Dann sage ich, ohne es zu merken, Dinge, die man besser nicht sagen sollte. Meine Freundin Ingrid erinnerte mich vor Kurzem an meine Bemerkung, in ihrem neuen Pulli sähe sie aus wie ein Marshmallow. Im Nachhinein verstehe ich, dass das eher unglücklich formuliert war. Aber auch nur, weil Ingrid es mir so deutlich zu verstehen gegeben hat. Ich habe sie mit meinem unüberlegten Kommentar verletzt und es so lange nicht bemerkt, bis sie mir, Monate später, davon erzählte. Für sie klang das nämlich wie eine Beleidigung. Als würde ich sie fett nennen. Dabei wollte ich eigentlich nur das Weiß und den geraden Schnitt des Pullis hervorheben. Der Vergleich mit einem Marshmallow erschien mir vollkommen logisch.“[29]

29 Linke, 67f.

Das zeigt umso mehr, wie menschlich verschiedene Bewusstseinsformen sind. Leider besteht die irrige Annahme immer noch, Menschen mit Symptomen aus dem autistischen Spektrum wären nicht fähig, Emotionen wahrzunehmen oder Empathie zu empfinden, dabei ist eher das Gegenteil der Fall. Die Flut an Eindrücken macht es einem Autisten schwer, alle Emotionen zu verarbeiten, weil er eben keine Maschine ist. Die Folge ist, dass der Autist sich einen Raum mit eigener Resonanz schafft. Das führt in vielen Fällen zu einer räumlich-mentalen Abkapselung, die, bildlich gesprochen, Gefäß für die hypersensible Bewusstseinsform ist.

Denise Linke nimmt in ihrem Buch *Nicht normal, aber das richtig gut* Bezug auf eine Studie von zwei Wissenschaftlern der École polytechnique fédérale de Lausanne. Henry und Kamila Markrams Studie trägt den Namen *Intense World Theory*, und sie zeigen darin, dass Autisten ihre Umgebung viel intensiver wahrnehmen als die sogenannten neurotypischen Menschen:

„Die heute als Autismus bekannten Eigenschaften sind, so die beiden Markrams, nichts als Bewältigungsmechanismen; denn ein Autist »leide« gerade nicht unter einem Mangel an Empathie, sondern eher unter einem derart überwältigendem Zuviel, dass sozusagen zu seinem Schutz alle vorhandenen empathischen Gefühle ausgeknipst würden. Folgt man dieser Theorie, dann drohen wir Autisten ständig in einem Meer aus Emotion und Reiz unterzugehen. Um nicht zu ertrinken, halten wir uns an totem Holz fest.“[30]

30 Linke, 65

Daneben vertreten andere Wissenschaftler genau die entgegengesetzte Meinung, dass Autisten nämlich nicht fähig zu Empathie seien. Dabei muss jedoch gesehen werden, dass jeder Mensch sich sehr von den anderen unterscheidet, und jeder Mensch fähig ist, etwas zu erlernen.

So verhält es sich auch bei Empathie. Denise Linke beschreibt, sie habe zwar Probleme damit, sich in andere Menschen hineinzuversetzen, wenn sie jedoch gesagt bekomme, was ihr Gegenüber empfinde oder es ihr anderweitig verdeutlicht werde, könne sie sehr wohl mitempfinden.[31] Ist das nicht die Kernkompetenz des Menschen – menschlich sein im Sinne von: Ich sage Dir, was ich empfinde!?

Zumindest sollte sie das sein, denn wie jeder im Grunde ganz genau weiß, bringt authentisches Verhalten das größere Glück. Dabei geht es nicht darum, ständig Glück und Liebe für die ganze Welt zu empfinden und in einem Gefühlstaumel durch die Welt zu wandeln, sondern in einer konkreten Situation das Gegenüber zu sehen und sich darauf einzulassen. Es geht darum, Sympathie für das Gegenüber zu empfinden und nicht unbedingt Empathie für alles und jeden. Das gelingt Denise Linke problemlos, was für einige neurotypische Menschen ein Vorbild sein könnte: „Wenn alle Menschen über ihre Gefühle sprechen und sie auf diese Weise miteinander teilen könnten, gäbe es garantiert weniger Missverständnisse und Verletzungen.“[32]

Doch die nüchterne Wissenschaft klingt ganz anders. Eine neue ZDF-37°-Dokumentation zitiert den wissenschaftlichen Standpunkt so: „Laut Wissenschaft ist ein Gendefekt dafür verantwortlich, dass das Gehirn vor allem im »Gefühlsbereich« anders funktioniert. Schweregrad und Erscheinungsformen sind dabei sehr verschie-

---

31 Linke, 65
32 Linke, 67

den. Manche sind hochbegabt, andere brauchen ein Leben lang Betreuung."[33] In gewisser Weise stimmt das auch, zumindest was die Ausgangssituation und die Rahmenbedingungen anbelangt. Dass jedoch jeder Mensch sich über diese Bedingungen hinaus entwickeln kann, ist Teil unserer wunderbaren menschlichen Fähigkeit zur Bewusstseinsentfaltung.

Daniel Tammet hat gelernt, so schildert er, seine Bewusstseinsform zu entwickeln, indem er den Fokus von Details auf die Gesamtheit lenkt, und zwar durch das Erlernen von Fremdsprachen.[34] Wo Details in Massen wahrgenommen werden, weil der mentale Filter anders funktioniert, muss sich das Bewusstsein einen individuelleren Weg suchen, um einen übergeordneten Sinn zu bilden. Bei Denise Linke sieht das so aus: „Ich nehme Dinge anders wahr als andere Menschen und gebe dementsprechend Dinge auch anders wieder. Das liegt daran, dass meine sogenannte zentrale Kohärenz schwächer ausgeprägt ist als bei neurotypischen Menschen. Ich sehe nie das große Ganze, sondern immer die Details. Ich sehe einzelne Bäume, nicht den Wald."[35]

Wenn der Wald nicht aus Bäumen besteht, sondern aus Buchstaben, die wiederum aus Buchstaben zusammengesetzt sind, kann das zunächst für Verwirrung sorgen. Wenn einem Autisten die Buchstaben A und H gezeigt werden, die sich nicht aus Linien zusammensetzen, sondern das A aus lauter kleinen Hs und das H aus lauter kleinen As, so sieht er mit allergrößter Wahrscheinlichkeit zunächst statt des AHs lauter kleine Hs und lauter kleine As. Dieses Phänomen heißt Interferenz, übersetzbar mit dem Wort Überlagerung. Es handelt sich dabei um eine Wahrnehmungsform, die speziell in unserem

33 http://m.zdf.de/ZDF/zdfportal/xml/object/40818604, abgerufen am 15.11.2015
34 Tammet, Wolkenspringer, 107
35 Linke, 198

bunten Medienzeitalter für jeden Hypersensiblen zum chronischen Problem werden kann.

Tammet beschreibt die Überlagerung so: „Interferenz wird im Allgemeinen bei optischen Täuschungen angewendet. Bei den meisten Menschen wird die Interferenz durch die allgemeine Form verursacht: Zeigt man ihnen ein H, das sich aus lauter kleinen As zusammensetzt, erkennen sie die As zunächst nicht, weil sie aufgrund des Interferenz-Effekts nur die H-Form sehen. In meinem Fall ist es, wie bei den meisten Personen im autistischen Spektrum, genau umgekehrt; ich habe Mühe, die allgemeine oder Gesamt-Buchstabenform zu erkennen, weil mein Gehirn sich automatisch auf die einzelnen Details konzentriert.“[36]

Ähnlich verhält es sich bei der synästhetischen Farbassoziation. Wo ein Synästhetiker mit dem Wort Gans (womit ein weißer Vogel beschrieben wird) die Farbe Grün verknüpft (ihm deshalb das Wort Hänse passender erscheinen würde)[37], ist es im Grunde erst einmal nicht verwunderlich, wenn er mit seinem Fokus in dieser Verwirrung aus Details stecken bleibt.

Daniel Tammet behilft sich, um aus dieser subjektiven Wahrnehmung, die im Alltag durchaus zum Problem ausarten kann, über Fremdsprachen.[38] Die haben natürlich auch ihre synästhetischen Tücken, jedoch steigt die Wahrscheinlichkeit mit dem Erlernen von mehr und mehr Fremdsprachen, für die subjektive Farbassoziation auch ein passendes Wort zu finden, wie das französische Wort »vin«, das für Daniel violett ist und deshalb näher an die wirkliche Farbe von Wein reicht als das deutsche Wort Wein, das für ihn blau

---

36 Tammet, Elf ist freundlich und Fünf ist laut, 64
37 Tammet, Elf ist freundlich und Fünf ist laut, 28
38 Tammet, Wolkenspringer, 107

ist.[39] Ist die Synästhesie also zunächst ein Problem, kann sie durch bewusste Anwendung sozusagen in ihr positives Gegenstück transformiert werden; denn die subjektive Verknüpfung eines Wortes mit einer Farbe hilft Daniel, schneller und leichter Fremdsprachen zu erlernen, weil er sich die neuen Worte durch die Farbassoziationen besser einprägen kann: „Das finnische Wort »tuli« ist für mich zum Beispiel orange und bedeutet »Feuer«. Wenn ich das Wort lese oder höre, sehe ich sofort die Farbe in meinem Kopf, was die Bedeutung wachruft."[40]

So haben synästhetische Assoziationen ihre extremen Vor- und Nachteile, die einen können Verwirrung hervorrufen, die anderen ekstatische Freude auslösen; und darüber hinaus jenen Aha-Effekt, durch den der Hypersensible lernen kann, seine spezielle Wahrnehmungsform zu entwickeln, um sich immer weniger abzukapseln und stattdessen die pure Freude des menschlichen Zusammenseins zu erleben.

Der Aha-Effekt kann auch einfach ausgelöst werden – durch die Möglichkeit der Mustererkennung. Denise Linke beschreibt ihre Liebe zu detailreichen Wimmelbildern in ihrem Buch *Nicht normal, aber das richtig gut.* Sie habe schon als Kind solche Bilder geliebt, vor allem diese: „Bei meinem Kardiologen gab es einen für mein damaliges Gefühl gigantischen Pappwimmelband, von dem ich mich nur schwer losreißen konnte. Wenn »Ich finde Waldo jederzeit in unter dreißig Sekunden« ein aussagekräftiges Statement für einen Lebenslauf wäre, in meinem stünde es."[41]

Hier schließt sich der Kreis. Mustererkennung in Wimmelbildern kann zu ekstatischer Freude schon und vor allem bei Kindern füh-

---

39 Tammet, Elf ist freundlich und Fünf ist laut, 28

40 Tammet, Elf ist freundlich und Fünf ist laut, 29

41 Linke, 200

ren, wenn sie ihre individuellen neurologischen Verschaltungen nutzen können. Dementsprechend wunderbar ist es, wenn diese Freude auch auf dem Arbeitsmarkt Anklang findet. Die Vorteile der schwachen zentralen Kohärenz liegen in der Mustererkennung und Fehlerfindung, und diese wird von IT-Firmen immer mehr gesucht, denn sie ist grundlegend für die Programmierung von Algorithmen.[42]

Das Empfinden von Emotionen kann sogar noch weiter gehen, denn Hypersensible, Neurountypische, Synästhetiker und Autisten sind natürlich durchaus in der Lage zu erlernen, Emotionen mit Menschen zu verbinden, um die pure Freude des menschlichen Zusammenseins zu erleben.

Mimik bewusst lesen

Dazu muss der Hypersensible lernen, Gesichter mit Emotionen zu verbinden. Doch es gibt Menschen, deren Gefühle sich zunächst nur in der Welt der Töne, Buchstaben oder Zahlen regen. Der Psychiater Darold A. Treffert beschreibt dieses einzigartige synästhetische Phänomen in der Einleitung zu Daniel Tammets Buch *Elf ist freundlich und Fünf ist laut*: Zahlen nehme Daniel nicht nur als Form, Farbe, Struktur oder Bewegung, sondern manchmal als eine Art Gefühlston wahr.[43] Das lässt sich mit einer Untersuchung belegen, die der Psychologe Simon Baron-Cohen bei Daniel Tammet vorgenommen hat: „Professor Simon Baron-Cohen und sein Team am britischen Autism Research Center in Cambridge haben die Unterschiede zwischen meinem Zahlengedächtnis und meiner Gesichtererkennung genauer untersucht. Sie stellten fest, dass meine Fähigkeit, mir lange

42 Linke, 200
43 Tammet, Elf ist freundlich und Fünf ist laut, Vorwort Treffert, 10

Zahlenreihen zu merken und abzurufen, verglichen mit einer Gruppe nichtautistischer Personen sehr hoch entwickelt ist, während meine Fähigkeit, Fotos von Gesichtern wiederzuerkennen, die man mir nur eine Stunde zuvor gezeigt hatte, erheblich eingeschränkt ist. Bei den meisten Menschen stellt sich spontan ein freudiges Gefühl ein, wenn sie ein menschliches Gesicht wiedererkennen. Bei mir scheint der dafür zuständige Hirnteil anders verdrahtet zu sein, so dass ich eben diese Gefühle beim Anblick von Zahlen erlebe.'[44]

Um zu lernen, Emotionen auch mit Menschen zu verbinden, muss man natürlich erst einmal positive Erfahrungen mit ihnen machen. Wer Menschen jedoch nur mit einem zu hohen Lärmpegel in Verbindung bringt (und das ist gar nicht bewertend gemeint, sondern eine rein quantitative Frage der Bewältigung), der kommt durch die Reizflut gar nicht hindurch, um sich mit dem Menschen an sich zu verbinden. Doch es gibt Mittel und Wege. Für diese Verbindung ist eine Fremdsprache adäquat, weil sie sich am besten lernt, indem man sich mit anderen Menschen austauscht.

Ein anderer Weg wäre der, einen Vertrauten zu finden, der den Menschen sieht und nicht den hypersensiblen Problemfall, ganz gleich ob es sich um ein Kind oder um einen Erwachsenen handelt. Dabei ist zu beachten, dass für Hypersensible, die Emotionen verstärkt wahrnehmen, Vorbehalte oder Bewertungen noch mehr Grund sind, sich mit abstrakten Formen oder Gegenständen zu beschäftigen. Gerade das gängige Schulsystem ist an dieser Stelle besonders hart für Hypersensible, weil die Arbeit der Lehrer, die sich nun einmal unter anderem durch Notengebung definiert, dazu führt, dass sie ihren bewertenden Blick noch vertiefen. Daher ist es vor allem für hypersensible Schüler schwierig, ihr Leben in den Griff zu be-

44 Tammet, Wolkenspringer, 73f.

kommen, wenn sie in der Schule kein vertrautes Gesicht finden, mit einem authentischen Blick auf den Menschen.

Dabei verbirgt sich gerade hinter dem Blick der Lehrer, der sagt: „Ich hab Dich schon längst in eine Schublade gesteckt!“, der wirkliche Problemfall. Das ist meines Erachtens eine der kontraproduktivsten, asozialen Verhaltensweisen, wenn es um Authentizität geht. An dieser Stelle wendet sich nämlich der Erwachsene vom Menschen ab und das Kind folglich ebenso. Das ist fatal, denn auf diese Art kann keiner sein Potenzial leben. Zurück bleibt an dieser Stelle ein verstörtes Kind, das sich in seine eigene Welt zurückzieht, wo es sich Formen und Farben schafft, die mit ihm in Resonanz stehen. Je weiter es sich in diese Bewusstseinsform vertieft, desto schwieriger ist es, sich wieder Gesichtern zuzuwenden.

Töne, Zahlen oder Buchstaben können Mittel und Weg sein, um das hypersensible Kind zu erreichen. Die Brücke dafür ist Resonanz, und am Ende dieser Brücke kann der authentische (Augen-) blick zwischen zwei Menschen stehen, eine geistige Verbindung, die einen Bruch zwischen Kind und Umgebung heilen kann.

So kann diese abstrakte Formenwelt auch Stabilität geben, wenn sie bewusst entwickelt ist, wie bei Daniel Tammet. Sie kann als Pfeiler fungieren für eine Brücke zur Außenwelt. Über diese Brücke kann der Hypersensible Muster erfahren und erlernen, die für einen vermehrten Brückenbau notwendig sind. Das ist bei einer Fremdsprache die Grammatik als Regelwerk, das ein gemeinsames Kommunizieren ermöglicht. Wo der Hypersensible in seiner eigenen Welt einzelne Details von Wörtern erfühlt, wie die Wortwurzel und ihre farbigen Schattierungen oder den Härtegrad der graphischen Serifen, kann der Mensch über die Wortherkunft und das Setting einer Schriftart einen größeren Kontext bilden und dadurch Verbindungen schaffen, die ihn über die Details hinweg auf eine Metaebene heben.

Auf diese Art und Weise finden sich auf der ganzen Welt tagtäglich gleichgesinnte Gesichter, die gemeinsam ihr kreatives Potenzial entfalten, und der Hypersensible entdeckt hinter den Details Menschen, die sich mit Freude verbinden können, und sagt „Hallo!“ zum authentischen Augenblick, der das Leben so lebenswert macht.

Gerade weil nicht jeder gleich wahrnimmt, ist dieser Augenblick so interessant. Über individuelle Ideen kommen wir alle zum Menschen zurück. So ist es für jeden Menschen erlernbar und erfühlbar, was das Gegenüber ausstrahlt, und dabei müssen es sich viele nicht unbedingt so schwer machen, wenn sie sich einfach einmal sagen, wie es ihnen geht und was sie bewegt. Daniel Tammets Ansatz sieht dabei so aus: „Mein Autismus macht es mitunter schwierig für mich zu verstehen, wie andere Menschen in bestimmten Situationen denken oder fühlen. Aus diesem Grund basieren meine moralischen Wertvorstellungen eher auf Ideen, die mir logisch erscheinen und Sinn für mich ergeben und über die ich gründlich nachgedacht habe, und weniger auf der Fähigkeit, mich in die Lage anderer zu versetzen. Ich weiß, dass man jeden Menschen mit Freundlichkeit und Respekt behandeln muss, weil ich glaube, dass jeder Mensch einzigartig ist und nach Gottes Bild erschaffen wurde.“[45]

Denise Linke beschreibt, dass sie Gesichter einfach nicht beachtet und es aufgrund dessen für sie schwer ist, überhaupt die Grundstimmung des Gegenübers einschätzen zu können, geschweige denn fein ziselierte emotionale Bedeutungen der Mimik. Dabei spricht sie einen bedeutenden Unterschied zwischen den sogenannten neurotypischen Menschen und den Autisten an. Neurotypische Menschen lesen die emotionalen Züge der anderen intuitiv, Denise Linke muss das bewusst tun. Sie spricht deshalb in diesem Zusammenhang von

45 Tammet, Elf ist freundlich und Fünf ist laut, 282

ihren Problemen mit sozialer Intuition und ist schon zufrieden, wenn sie ihre eigenen Gefühle „halbwegs treffsicher identifizieren" kann:[46]

„Gesichter sind unfassbar komplex. Ich habe einmal versucht zu ergoogeln, wie viele Muskeln so ein Gesicht hat. Die Antworten reichten von 16 (dubiose Fitnesswebsite) über 26 (Wikipedia) bis hin zu 43 (New York Times) und »über 50« (Zeit online). Ich finde das ziemlich rätselhaft. [...] Eine gerunzelte Stirn kann Geringschätzung, Zorn, Erstaunen oder sogar Koketterie zum Ausdruck bringen (behaupten Experten, und ich wage nicht, sie anzuzweifeln). Den Unterschied markiert jeweils das Zusammenspiel der Muskeln und der Augen. Sie verbinden sich zu so etwas wie einer Symphonie und zaubern am Ende aus vielen Tönen eine Melodie, die den meisten dann signalisiert, dass der Partner furchtbar genervt ist oder geil oder beides."[47]

Doch nicht nur Autisten müssen lernen, die Mimik ihres Gegenübers bewusst zu lesen, denn gerade im Bewertungssystem der Schulen ist das Zuhören und der authentische Augenblick, die jeder Mensch benötigt und die Hypersensiblen besonders, eine Seltenheit. Gerade Lehrer verlernen es zum Großteil, ihr Gegenüber authentisch einzuschätzen und wirklich zuzuhören. Meist dringen sie nicht bis zum Kern hindurch, sondern lassen sich durch Glaubensmuster oder allgemeinen Konsens ablenken.

Aber auch Eltern können das nicht automatisch. Durch Hektik und Stress und das Credo „Ich habe keine Zeit!" wird der authentische Augenblick zu einer seltenen Begebenheit – und das sollten wir nicht zulassen. Um das zu schaffen, könnten wir die Hypersensiblen als Symptom sehen (nicht als Krankheit!), das sich nur herausbildet, wenn Authentizität fehlt.

46 Linke, 52f.
47 Linke, 53

Ansatzweise wird das von Esoterikern in solch wunderlichen Theorien und Bezeichnungen wie »Kristallkinder« oder »Indigo-Kinder« angedeutet. Sie sehen hypersensible Kinder als hoffnungsvolle Generation, die neues Wissen in die Welt bringen sollen und dabei an einer indigofarbenen Aura »erkannt« werden. Meines Erachtens sind solche Theorien weniger hilfreich, wenn es um den Wesenskern eines Menschen geht. Vielmehr genügt es, Authentizität im Fokus zu behalten, und zwar nicht für morgen, sondern für heute. Es reicht aus, dem Menschen in die Augen zu schauen und ihn mit seinen Emotionen ernst zu nehmen. Es ist hilfreicher, dem Gegenüber in die Augen zu schauen und sich mit ihm auszutauschen, dann erkennen wir viel schneller, dass wir im Grunde so verschieden gar nicht sind. Ist nämlich genug Authentizität gegeben, hätten alle Menschen sensiblere Sinne und könnten sich selbst intensiver wahrnehmen; denn jeder Mensch hat Tiefe, nicht nur die stillen Wasser.

Sind wir nicht alle ein bisschen Savant?

In der Tiefe wohnen unzählige kleine Savants, und zwar so viele wie es Menschen gibt, welche die komplizierten Strukturen der Sprache verarbeiten und anwenden können. Bei den meisten von uns funktioniert die Sprachverarbeitung intuitiv. Von klein auf imitiert das Kind mit seiner Sprache die Mutter und alle Menschen, die es direkt umgeben. Das ist ein Instinkt, dem auf natürliche Art und Weise nachgegeben wird. Man könnte auch sagen, es ist der kleine Savant in uns, der uns scheinbar wie selbstverständlich zu kleinen Plappermäulern macht. Das zumindest ist die These des Philosophen Peter Slezak, den Daniel Tammet in seinem Buch *Wolkenspringer* zitiert:

»In einer Hinsicht sind wir interessanterweise alle Savants [...] in unserem Sprachverständnis [,...] diese Fähigkeit zeichnet sich durch ein außergewöhnliches Maß an Komplexität aus, das wir noch nicht vollends verstehen [...] aufgrund unserer Entwicklung sind wir dazu automatisch und instinktiv, intuitiv und mühelos in der Lage. Das ist genau das, was auch Savants tun, nur in einem anderen Bereich [...].«[48]

Daniel Tammets Savant ist um einiges größer als die meisten anderen. Er bringt mit seiner Fähigkeit, Fremdsprachen so außerordentlich schnell erlernen zu können, seine mathematischen Fähigkeiten in Zusammenhang: „Meine Hypothese ist, dass meine rechnerischen Begabungen das Ergebnis einer abnormalen Cross-Kommunikation zwischen den Zahlen- und Sprachregionen meines Gehirns sind."[49] Das ist die neurologische Grundlage.

Doch viel wichtiger ist: Wir müssen den Savant nicht erst während der Schule in unseren Kopf einladen, er wohnt dort von Geburt an. Tammet will dieses instinktive Verhalten in der Nutzung von Sprache und auch der Savant-Fähigkeiten an seinen eigenen Fähigkeiten belegen: Er kann eine neue Sprache innerhalb einer Woche so erlernen, dass er sich mit Muttersprachlern der jeweiligen Sprache unterhalten kann.

Seine mathematischen Berechnungen sind ebenso komplex wie intuitiv. Er sieht die Lösung durch seine synästhetische Wahrnehmung, mit ihrer Hilfe prägt er sich auch neue Vokabeln ein. Das sind komplexe neurologische Vorgänge, die deshalb in kürzester Zeit ablaufen können, weil sie unbewusst sind. Würden sie bewusst ablaufen, erforderten sie mehr Zeit. Sozusagen zeitunabhängig laufen auch Tammets rechnerischen Fähigkeiten ab, „schnell, intuitiv und

48 Tammet, Wolkenspringer, 160
49 Tammet, Wolkenspringer, 161

größtenteils unbewusst […] genauso wie die Syntaxberechnung bei den meisten Menschen, wenn sie einen geschriebenen oder gesprochenen Satz erzeugen".[50]

Es handelt sich bei diesem intuitiven Savant-Aspekt um eine syntaktisch-semantische Fähigkeit – um assoziatives Denken, das wir alle verwenden, wenn wir Sprache verarbeiten. Wörter sind Bedeutungsträger, mit ihnen assoziieren wir mentale Bilder, subjektive Vorstellungen. So haben die meisten von uns sofort einen langen Hals und ein geflecktes Fell vor Augen, wenn wir das Wort »Giraffe« hören.

Diese Assoziation zwischen sprachlicher Form und mentalem Bild, das mit der sprachlichen Form verknüpft ist, bildet das neurologische Muster für den Savant in uns, dessen Kreativität beim Erfassen eines Wortes darin liegt, semantische Beziehungen zu anderen Wörtern bilden zu können. Was jedoch nicht jeder von uns herstellt, ist eine Assoziation zwischen verschiedenen Zahlen:

„Wenn man Menschen fragt, an welche Zahlen sie denken, wenn man ihnen die Zahl 23 vorlegt, antworten viele mit der vorausgehenden Zahl – 22 – oder der nachfolgenden – 24 – oder auch, indem sie Ziffern umkehren: 32. Besonders bedeutungsvolle (semantische) Beziehungen sind das nicht. Es ist eher so, als würde man auf das Wort »god« mit einem Wort antworten, das ihm vorausgeht, wie »go«, oder mit einem Wort, das ihm folgt, wie »got«, oder indem man es umgekehrt zu »dog« macht. Wenn ich dagegen an 23 denke, kommen mir sofort bedeutungsvolle (semantische) Beziehungen in den Sinn wie 529 (23 im Quadrat) oder 989 (das letzte Vielfache von 23 vor 1000)."[51]

An dieser Stelle spielt das rationale Denken eine Rolle, weil die

50 Tammet, Wolkenspringer, 162
51 Tammet, Wolkenspringer, 163

Neurotypischen darüber lernen können, den kleinen Savant in sich wachsen zu lassen. Durch mathematische Rechenaufgaben werden neue Verbindungen im Gehirn gebildet und durch mathematische Denkweisen die Welt aus einem neuen Blickwinkel gesehen. Wenn der Savant noch größer werden soll, können wir wiederum Beziehungen zwischen Mathematik und Sprache herstellen. Diese Beziehungen können so Stück für Stück zu der Erkenntnis führen, dass man sich ein Netzwerk weben kann, das größer ist als das rationale Denken. Dadurch kann der kleine Savant gedeihen.

Ausgehend von den Zahlen als Puzzleteile einer neuen Sichtweise lässt sich das auch so sagen: Wenn man die Mathematik ein Stück weit verstanden hat, kann man durch die mathematische Brille die Sprache wieder besser verstehen und anders herum. Dabei macht das jeder mit seiner individuellen Kreativität und Schwingung.

Auch wenn folgendes Zitat heute geheimnisvoll und vielleicht ein bisschen weltfremd klingt, bildet es im Kern trotzdem die Grundlage der kreativen Resonanz und damit die Grundlage des Wachstums des kleinen Savants. Pythagoras sagte, das Geheimnis der Dinge liege in den Zahlen, und Gott sei die universelle Harmonie: „Die sieben heiligen Tonarten, denen die sieben Noten der Lyra zugrunde liegen, entsprechen den sieben Farben des Lichtes, den sieben Planeten, den sieben Arten der Existenz […]. Die weise eingeflößten Melodien dieser Arten sollten die Seele stimmen und in Harmonie versetzen, dass sie im Einklang mit dem Atem der Wahrheit vibrierte.“[52] Wenn wir auf diese oder ähnliche Weise im Laufe unseres Lebens lernen, intuitiv und bewusst, kreative Verbindungen herzustellen, wird der kleine Savant langsam erwachsen. Er schenkt womöglich Assoziationen, von denen man im hektischen Alltag kaum zu träumen wagt.

---

52 Schuré, 263

(Um-)geleitete Bahnen

Bei der Bewältigung kognitiver Aufgaben, wie bei der Verarbeitung von Sprache oder beim Verstehen von Zahlen, hilft uns unser Gehirn, indem es die Aufgaben in verschiedene Hirnregionen verteilt. Jede Region ist sozusagen Spezialist für eine bestimmte Aufgabe und arbeitet neurotypisch in vorgegebenen Bahnen.[53] Daniel Tammet beschreibt diese Aufgabenverteilung folgendermaßen: „Der linke Parietallappen ist an Reihenbildungen und logisch-räumlichen Fähigkeiten beteiligt und scheint die Fähigkeit zur Durchführung von Berechnungen zu vermitteln, während im linken Frontallappen – insbesondere dem Broca-Areal – die Fähigkeit zur Erzeugung syntaktischer Sätze lokalisiert wird.“[54]

Damit sich die verschiedenen Spezialisten nicht stören, gibt es die sogenannte Inhibition (Abnahme der Erregbarkeit von Nervenzellen). So weit der derzeitige Kenntnisstand. Nun gehen verschiedene Wissenschaftler davon aus, dass „ein niedriges Inhibitionsniveau in Zusammenhang mit mehreren neurologischen Störungen, von Autismus und Epilepsie bis hin zur Schizophrenie, steht und zu einer abnormalen Cross-Kommunikation zwischen normalerweise getrennten Hirnregionen führt“.[55] Tammet zitiert den Kognitionswissenschaftler Ed Hubbard, der davon ausgeht, dass ein niedriges Inhibitionsniveau auch die „multi-sensorische Erfahrung der Synästhesie“ erklären könnte und ein „niedriges Inhibitionsniveau spielt möglicherweise auch eine Rolle bei den Savant-Fähigkeiten: Der Savant Kim Peek wurde ohne Corpus callosum geboren – das

53 Tammet, Wolkenspringer, 160
54 Tammet, Wolkenspringer, 162
55 Tammet, Wolkenspringer, 160f.

ist der dicke Faserstrang, der die linke mit der rechten Hirnhälfte verbindet und zudem als wichtigste Leitungsbahn für die Inhibition im Gehirn dient".[56] Das ist etwas absolut neurountypisches, eine neurologische Funktionsweise, die ebenso wie eine Medaille zwei Seiten hat.

Im Jahr 2003 wurde eine Studie durchgeführt, mit der Hypothese, „dass ein niedriges Niveau latenter Inhibition (die dazu beiträgt, Stimuli auszublenden, die das Gehirn als überflüssig für seine Bedürfnisse betrachtet) nicht nur zu Psychosen, sondern auch zu kreativem Denken führen könnte, insbesondere in Kombination mit hoher Intelligenz. Untermauert wurde ihre Theorie durch Tests, die zeigten, dass bei Harvard-Studenten, die herausragende Leistungen in einem kreativen Bereich erbracht hatten, eine sieben Mal höhere Wahrscheinlichkeit bestand, dass eine geringe latente Inhibition bei ihnen gemessen wurde."[57] Die Wissenschaftler zogen den Schluss, dass ein niedriges Niveau latenter Inhibition dann Vorteile bringt, wenn es „mit hoher Intelligenz und einem guten Arbeitsgedächtnis verbunden ist".[58] Wenn ein kreativer Kopf viele Ideen hat und offenen Geistes Neues erdenkt, muss er natürlich auch in der Lage sein, die wirklich guten Ideen herauszuarbeiten und weiterzuentwickeln. So kann die Hyperkonnektivität, also die Cross-Aktivität verschiedener Hirnregionen, kreatives Denken und Schaffen erhöhen, wenn der betroffene Mensch dazu in der Lage ist, die kreativen Stürme in seinem Kopf zu kontrollieren und sie für echte kreative Beiträge nutzen kann, wie Daniel Tammet das in seiner Arbeit zeigt.[59]

---

56 Tammet, Wolkenspringer, 161
57 Tammet, Wolkenspringer, 182f.
58 Tammet, Wolkenspringer, 183
59 Tammet, Wolkenspringer, 183

Auch wenn nicht bei jedem eine niedrige Inhibition festgestellt wird, muss das noch lange nicht heißen, dass er nicht kreativ sein kann. Oft ist der Anfang kreativen Schaffens schon gemacht, wenn man in sich hineinschaut und die mentalen Bilder erfasst, die in jedem flackern, unterstützt durch die Bewegungen von Musik oder wenn man nicht immer in geleiteten Bahnen denkt, sondern darüber hinaus auch „überregionale Gespräche“ führt, wie Synästhetiker dies tun.[60] So ist es ja auch bei der Ausübung einer besonderen Fähigkeit so, dass verschiedene Hirnareale zusammenspielen. Vorhandene Muster bieten dabei Stabilität. Diese Bahnen lassen sich nutzen, um darüber hinaus die Welt durch die Augen des kleinen Savants zu sehen, der die Welt mit bunten Formen, Farben und Klängen bestückt, sie neu berechnet oder poetisch beschreibt und dadurch auf neue Bahnen leitet, um vorhandene Muster kreativ umzugestalten.

Buchstabensalat?

Dazu ist das beste und eines der wohl meist genutzten Mittel die Sprache. Sie ist sozusagen Vehikel auf grammatischen Bahnen, die durch die Benutzung ständig neu geformt werden.

Die Anlage zum Dialog haben wir alle. Doch die Art und Weise, wie wir kommunizieren, ist bei jedem einzigartig. Die meisten orientieren sich an Mustern aus dem direkten Umfeld, zunächst familiäre, dann an denjenigen von Freunden.

Diese Orientierung beinhaltet nicht nur Imitation, sondern auch deren Negation. Es webt sich im Laufe des Lebens ein immer fei-

60 Tammet, Wolkenspringer, 161

neres Netz an kommunikativen Strukturen, die manchmal subtil, manchmal grob umgesetzt werden, je nach Bewusstseinsform, die ständig durch die Umgebung beeinflusst wird.

Dabei ist fast allen Menschen neben der Fähigkeit, in den Dialog mit ihrer Umwelt zu treten, etwas Zweites gemeinsam: Der Drang nach Mitteilung. Der wird verursacht durch die emotionale Bindung an mentale Bilder. Dies drängt dazu, sie auf irgendeine Form mit anderen zu teilen. So wiegt man sich in emotionalen Reflexionen, während man an seinen Kommunikationsformen ständig bewusst und unbewusst feilt, wodurch diese in stets differenziertere Bahnen gelenkt werden und ihre Form wandeln.

Doch diese mentalen Bilder können auch verdeckt werden, wie durch Reizflut. Um die eigene Kreativität umsetzen zu können, müssen die mentalen Bilder, die durch den Dialog zu Worten und Taten werden, im Vordergrund stehen. Innerhalb dessen, im Raum zwischen Vorstellung und Gestaltwerden, gilt es, den Weg der Wahrheit für sich selbst zu finden. Natürlich wird man auf diesem Weg immer beeinflusst. Um der Kreativität Raum zu geben, sollten positive Beeinflussungen auftreten, keine Manipulation, welche die Kreativität im Keim und in der Vorstellung ersticken würde.

Ein extremes Beispiel für die kreative Entfaltung individueller mentaler Bilder und für individuelle Bahnen ist die Idioglossie, die Erfindung einer eigenen Sprache, die vor allem bei Zwillingskindern auftritt. Mit ein Grund für die Erfindung einer solchen eigenen Sprache ist die natürliche Hyperkonnektivität des Gehirns kleiner Kinder. Im Alter von drei Jahren hat ein Kind beispielsweise doppelt so viele synaptische Verbindungen wie im Erwachsenenalter. Diese Verbindungen nehmen bei den meisten Menschen im Laufe des Erwachsenwerdens als Schutz vor Informationsüberlastung ab. Deshalb ist gerade die Kindheit eine Phase, in der sich das phänomenale menschliche Potenzial außergewöhnlich stark entwickeln kann.[61]

In den Siebzigerjahren wurde in einem kalifornischen Kinderkrankenhaus die Geheimsprache von Zwillingen entschlüsselt, die zu der Zeit sechs Jahre alt waren. Virginia und Grace Kennedy wurden von ihren Eltern ins Krankenhaus gebracht, weil sie die Sprache ihrer Mädchen nicht verstehen konnten. Die Zwillinge waren bis zu diesem Zeitpunkt hauptsächlich bei ihrer Großmutter aufgewachsen, einer sehr schweigsamen Frau, deren Muttersprache Deutsch war und die kaum Englisch sprach. Damit waren die Mädchen sprachlich größtenteils sich selbst überlassen, zudem hatten sie kaum Freunde, wodurch der Kontakt zur Umwelt sprachlich nicht so von außen beeinflusst wurde, wie es beim Erlernen einer Muttersprache normalerweise der Fall ist. Die Bruchstücke an Deutsch und Englisch, welche die Zwillinge zu Hause hörten, genügten ihnen nicht zur sprachlichen Nachahmung. Sie suchten und erschufen sich ihre eigene Sprache, in der sie flüssig miteinander kommunizieren konnten. Diese Sprache verfügte über eigene Formen auf morphologischer und auf syntaktischer Ebene. Linguisten fanden heraus, dass es sich bei ihrer Sprache um ein typisches Zwillingsidiom handelte, eine Vermischung zweier oder mehr Sprachen oder Wortmissbildungen wie »bool« statt »school«, »nieps« statt »knife« oder »pintu« statt »pencil«. Eigene Wortneubildungen von Grace und Virginia waren »nunukid« und »pulana«, für die die Linguisten, die diese Zwillingssprache entschlüsselten, keine Übersetzung finden konnten. Für das Wort »Kartoffel« hatten die beiden Kinder an die dreißig verschiedene Wörter erschaffen, und die Präposition »out« verwendeten sie als Verb, wie in: »I out the pudatoo-ta«, was so viel heißt wie: »Ich werfe den alten Kartoffelsalat weg.«[62]

---

61 Tammet, Wolkenspringer, 185
62 Tammet, Wolkenspringer, 186f.

Virginia und Grace erlernten nach diesem Aufenthalt im Krankenhaus Englisch mithilfe von Sprachtherapeuten. Leider wurde es für maßgeblich gehalten, dass sie nicht weiter in ihrem eigenen Idiom miteinander sprachen. Deshalb wurden sie auf verschiedene Schulen geschickt, wodurch sie ihre kreative Sprache nicht weiter ausbilden konnten.[63] So ist die Idioglossie Symptom eines vermeintlichen Buchstabensalates, der in manchen Fällen unverdaut bleibt, in anderen Fällen Symptom freier Kreativität ist.

Latente und bewusste Synästhesie

Neben der individuell ausgeprägten Zwillingssprache gibt es neue Sprachentwicklungen auch in anderer Form. Zwei sehr bekannte sogenannte Welthilfssprachen tragen die so eigenen Namen Volapük und Esperanto. Erstere wurde von dem kreativen Kopf Johann Martin Schleyer, einem deutschen Pfarrer, konstruiert, letztere von dem polnischen Augenarzt Ludwik Lejzer Zamenhof. Solchen Idiomen gemeinsam ist das Streben nach einer Universalsprache für eine grenzübergreifende Verständigung. Eine Übersetzung von einer Sprache in die andere soll damit umgangen werden, womit man vielleicht die Kommunikation erleichtern kann. Diesen Schritt der Übersetzung muss hier allein der Erfinder der neuen Sprache leisten: Er übersetzt das Netzwerk der mentalen Bilder in eine bestimmte Grammatik.

Bei diesem kreativen Schritt lautet die zentrale Frage: Wie passt die Sprache zum Bild? Wohingegen beim Erlernen einer Fremdsprache die zentrale Frage lautet: Wie passen meine individuellen Bilder in die Sprache?

---

63 Tammet, Wolkenspringer, 187

Sprache beginnt im Inneren, bei visuellen (mentalen) Wahrnehmungen. Diese visuellen Formen werden dann in akustische Informationen übersetzt. Der Neurologe Vilayanur S. Ramachandran hat die Theorie aufgestellt, Sprache basiere auf den synästhetischen Verbindungen im Gehirn.[64] Nach dieser Theorie umgeben wir uns also mit einem Netzwerk an synästhetischen Verbindungen – auf Basis der sogenannten latenten Synästhesie – denn unser Leben ist durchdrungen von Sprache, im digitalen Zeitalter mehr denn je.

Dabei ist die Frage, wie der Sprachklang zum Bild passt, nahezu antik. Schon bei den alten Griechen wird die Empfindung beschrieben, „dass bestimmte Arten von Lauten besser zu bestimmten Objekten »passen« als andere". Sie prägten den Begriff der Lautmalerei, der Onomatopoesie. Das ist eine Wortbildungstechnik, die den ursprünglichen natürlichen Laut des beschriebenen Objektes versucht wiederzugeben, wie etwa das Wort »Zischlaut« oder das Wort »Kuckuck«.[65]

Im Jahr 1920 wurde ein Experiment durchgeführt, bei dem sich solche Empfindungen widerspiegeln: „Der Wissenschaftler Wolfgang Köhler benutzte zwei willkürliche visuelle Formen, von denen eine glatt und abgerundet und die andere scharf und eckig war, und erfand zwei Begriffe dafür: »Takete« und »Maluma«. Die Probanden sollten angeben, welche der Formen die Bezeichnung »Takete« und welche die Bezeichnung »Maluma« trug. Die überwältigende Mehrheit ordnete der runden Form den Begriff »Maluma« und der spitzen Form den Begriff »Takete« zu. Kürzlich wiederholte das Team von Professor Ramachandran diesen Versuch und kam zu denselben Ergebnissen mit den erfundenen Wörtern »bouba« und »kiki«. 95 % der Befragten hielten die runde Form für »bouba« und die spitze

64 Tammet, Elf ist freundlich und Fünf ist laut, 215

65 Tammet, Elf ist freundlich und Fünf ist laut, 213 (gilt auch für voriges Zitat)

Form für »kiki«. Ramachandran führt dies Ergebnis darauf zurück, dass die scharfen Kanten in der visuellen Linienführung bei der kiki-Form den scharfen phonemischen Flexionen des Wortklangs entsprechen, ebenso wie der scharfen Zungenflexion am Gaumen.[66]

Nehmen wir einmal an, wir würden keine bestehenden Sprachen haben. Wären wir dann in der höhlenartigen Situation, innere Bilder allein visuell wahrzunehmen? Folgendes Bild aus Patrick Süskinds Roman *Das Parfum* könnte mit einem Augenzwinkern als Denkanregung dienen:

„Man weiß von Menschen, die die Einsamkeit suchen: Büßer, Gescheiterte, Heilige oder Propheten. Sie ziehen sich vorzugsweise in Wüsten zurück, wo sie von Heuschrecken und wildem Honig leben. Manche wohnen auch in Höhlen und Klausen auf abgelegenen Inseln oder hocken sich – etwas spektakulärer – in Käfige, die auf Stangen montiert sind und hoch in den Lüften schweben. Sie tun das, um Gott näher zu sein. Sie kasteien sich mit der Einsamkeit und tun Buße durch sie. Sie handeln im Glauben, ein gottgefälliges Leben zu führen. Oder sie warten monate- oder jahrelang darauf, dass ihnen in der Einsamkeit eine göttliche Mitteilung zukomme, die sie dann eiligst unter den Menschen verbreiten wollen."[67]

Da wir – Gott sei Dank – nicht alle ständig in Höhlen hocken, teilen wir uns mit. Und genau darin liegt schon die Definition: In der Mit-teil-ung geht ein Teil der synästhetischen Wahrnehmung verloren. Grenouille, der Protagonist in Süskinds Buch, der über einen ausgeprägten Riechsinn verfügt, verbringt hingegen eine Zeit lang in einer Höhle. Dort schwelgt er in Erinnerungen: Er verbindet, völlig abgeschottet von der äußeren Welt, die visuellen Erinnerungen mit seinem olfaktorischen Kosmos und lebt praktisch vollkommen von

66 Tammet, Elf ist freundlich und Fünf ist laut, 213f.
67 Süskind, 157f.

seiner Synästhesie. Ohne Reize von außen kann er seine synästhetischen Wahrnehmungen trinken wie einen Nektar, ohne ihn teilen zu müssen. Doch sobald er wieder in die Stadt zurückkehrt, kommen zu den individuellen Wahrnehmungen äußere Reize hinzu.

Was also im Inneren wahrgenommen wird, ist nicht allein visuell. Die inneren Bilder werden immer verbunden mit einem anderen Sinn – und zwar durch Reflexion mit Erlebnissen. Das nennt sich latente Synästhesie. Latent deshalb, weil wir sie nicht ständig vollkommen ausleben können, wie Grenouille. Doch vorhanden ist sie ständig.

Ramachandran bezieht diese latente Synästhesie auf die Entstehung der Sprache, die bei der Übersetzung innerer Bilder in äußere Formen beginnt, also bei der Mitteilung. Latent ist die Sprach-Synästhesie deshalb, weil synästhetische Teile durch Mitteilungen verloren gehen oder, anders gesagt, die Synästhesie nicht komplett nach außen übersetzt wird.

Dazu kommt, dass nicht allen Menschen das synästhetische Netzwerk bewusst ist. Bei der Sprachbildung in der Muttersprache geschieht das meiste instinktiv. Erst durch das Erlernen von Fremdsprachen gelangen wieder Teile der synästhetischen Verbindungen ins Bewusstsein. So weist Ramachandran darauf hin, „dass Lippen- und Zungenbewegungen möglicherweise synästhetisch mit den Gegenständen und Ereignissen verbunden sind, auf die sie sich beziehen. Zu Wörtern, die auf etwas Kleines Bezug nehmen, gehört zum Beispiel häufig, dass man mit den Lippen und durch eine Verengung des Stimmtrakts den synästhetischen Laut eines kleinen *is* formt: »klitzeklein«, »winzig«, »petite«." Im Gegensatz dazu wird etwas Groooßes entsprechend mit der Mundöffnung nachgezeichnet.[68]

Latent meint vielleicht auch so etwas wie ansatzweise; denn Men-

68 Tammet, Elf ist freundlich und Fünf ist laut, 215 (gilt auch für voriges Zitat)

schen, bei denen die Synästhesie ausgeprägt und bewusst stattfindet, verbinden mit Gegenständen ganze Welten. Hier ist die Frage, wie sie sich in eine bestehende Sprache einfügen können, wie die Sprache zum Bild im Kopf passt. Weil es eben nicht immer passt, ist der Impuls recht stark, eine eigene Sprache zu erfinden, wie Daniel Tammet schreibt. Er entwickelte in der Folge eine Sprache namens *Mänti* als laufendes Projekt – er arbeitete eine Grammatik aus und fügte ihr ein Vokabular hinzu. Der Name Mänti geht aus vom finnischen Wort »mänty« für Kiefer (der Baum), unter anderem weil er mit diesem Baum Freundschaft und Gemeinschaft assoziiert.[69] Die neurologische Grundlage der synästhetischen Assoziation kann sich darüber hinaus schon und vor allem im Kindesalter zeigen, so hat Daniel nach der Geburt seiner Zwillingsschwestern für sie das Wort »biplets« erschaffen, mit der Assoziation, die »bicycle« (Fahrrad) mit »triplets« (Drillinge) verbindet.[70] Solche Wortneubildungen sind vor allem bei kleinen Kindern auf den Überschuss an synaptischen Verbindungen zurückzuführen, die sich normalerweise im Laufe des Erwachsenwerdens zurückbilden, nicht jedoch bei allen Menschen.[71]

Eine Hyperverbundenheit, die bei Autismus auftritt,[72] führte ihn schließlich zu einer eigenen Sprache, mit der er schon als Kind liebäugelte, „als Mittel gegen die Einsamkeit und um die Freude, die ich an Wörtern hatte, voll auszuschöpfen. Manchmal, wenn ich eine sehr starke Empfindung oder ein besonders schönes Erlebnis hatte, bildete sich in meinem Kopf spontan ein neues Wort, um diesen Eindruck zu beschreiben, und ich hatte keine Ahnung, wo diese Wörter herkamen. Im Gegensatz dazu fand ich die Sprache meiner

69 Tammet, Elf ist freundlich und Fünf ist laut, 219
70 Tammet, Elf ist freundlich und Fünf ist laut, 218
71 Tammet, Wolkenspringer, 185
72 Tammet, Wolkenspringer, 190

Mitschüler, der Kinder auf dem Spielplatz und sogar die meiner Brüder und Schwestern oft unangenehm und verwirrend."[73] Dagegen ist Mänti für Tammet ein „fassbarer, kommunizierbarer Ausdruck" seiner inneren Welt: „Jedes Wort ist für mich wie ein Kunstwerk von schillernder Farbe und Stofflichkeit. Wenn ich in Mänti denke oder spreche, fühle ich mich, als würde ich in Worten malen."[74]

Er betreibt mit dieser Sprache, mit der er sich auf lexikalische und grammatische Strukturen der baltischen und skandinavischen Sprachen stützt, eine ganz individuelle Lautmalerei und Analogiebildung, wie etwa mit den Namen von Tieren: »karka« heißt Krähe und »huhu« Eule. Für die Biene hat er das Wort »melsümmi« ersonnen, wörtlich übersetzt: Honigfliege. Das beißende Insekt Ameise heißt auf Mänti »hemme«, basierend auf dem Wort »hamma« für »Zahn«.[75]

Wörter, die für neurologisch hyperverbundene Menschen oft verwirrend sein können, sind Paarwörter. Das Wort »Schuhe« kann im Plural eine mentale Bilderflut an Schuhen auslösen, genauso die Wörter »Augen« und »Ohren«. Deshalb ist es für neurountypische Menschen wohltuend, wenn es Sprachen gibt, die sozusagen einen Ausknopf eingebaut haben und Wörter für Paare als Ganzes behandeln. Wenn man auf Mänti »ein Auge« sagen will, sagt man: »halbes Paar« (»puse aku«).[76]

Aufgrund dieser Bilderflut ist es für neurountypische Menschen auch schwierig, Metaphern zu erfassen, und irgendwie nicht verwunderlich, wenn sie in der Folge eigene Sprachen entwickeln. Eigentlich würde man denken, gerade die Bildhaftigkeit von Sprachbildern

73 Tammet, Elf ist freundlich und Fünf ist laut, 218f.
74 Tammet, Elf ist freundlich und Fünf ist laut, 220 (gilt auch voriges Zitat)
75 Tammet, Wolkenspringer, 190
76 Tammet, Wolkenspringer, 190f.

müsste für Hypersensible leicht zu erfassen sein. Ist es aber nicht, und zwar aufgrund des Konsens, der mit Metaphern einhergeht. Eine Metapher ist das Resultat individueller synästhetischer Verbindungen und damit Teil latenter Synästhesie. Wer wirklich bewusst Synästhetiker ist, nimmt seine individuellen synästhetischen Verbindungen nicht nur latent wahr und hat Schwierigkeiten damit, wenn er sie mit einem Konsens oder starrem Bild zusammenbringen soll. So ist zum Beispiel das Wort »Leseratte« für individuelle Denker ein Grund für Verwirrung. Ratten können nicht lesen. Punkt. Wohltuender ist da die Übersetzung für »Leseratte« in Mänti. Das Verb für »lesen« (»lue«) wird einfach wiederholt, wenn man sagen will, jemand lese viel. »Leseratte« könnte man also durchaus mit »luelue« übersetzen, zumal »lesen« eine Tätigkeit ist und wenig mit einem abstrakten Bild gemein hat. Vielleicht spielt in der Metaphernbildung die Geschäftigkeit der Ratte eine Rolle, doch ist es für neurountypische Menschen und vor allem für Kinder, die sich Metaphern noch nicht angeeignet haben, schwierig, immer sofort den Hintergrund einer Metaphernbildung zu durchschauen. Eher bleibt man als Hypersensibler in der individuellen Bilderflut stecken, bei Wörtern wie »Kotflügel«, »Pferdeschwanz« oder »Seezunge«. Denise Linke geht es dabei so: „Früher ging ich davon aus, dass Metaphern bei jedem Menschen für derartiges Kopfkino sorgen. Dass jeder sich seltsame Wesen mit Scheinwerfern statt Pupillen vorstellen muss, wenn er das Wort »Augenlicht« liest. Oder ein kaputtes Fabriktor, wenn jemand von einem losen »Mundwerk« spricht."[77]

Dieses Kopfkino kann emotional derart weit führen, dass man sich praktisch mental erbricht, wenn man als Hypersensibler vor Bilder gestellt wird, wie Denise Linke sie aufzählt: „Wer sich alles bildlich

77 Linke, 160

vorstellt, sieht viel Elend. »Jemanden mit seinem Blick zu durchbohren« gehört noch zu den freundlicheren Redewendungen, die unsere Sprache zu bieten hat. Hals- und Beinbruch. Blutbad. Auge um Auge, Zahn um Zahn. Gebrochene Herzen. Gespaltene Zunge. Zungenbrecher.“[78]

Nicht selten hat man als Neurountypischer den Eindruck, als würde man mental gegen eine Wand laufen bei der Vorstellung von Begriffen, die einen Gegensatz enthalten. In der literarischen Fachsprache nennen sich solche Begriffe *Oxymora*, welche Denise Linke insbesondere in Form von *Contradictio in adiecto* vor besondere Herausforderungen stellen: „Was soll ein »alter Knabe« sein? Oder »Flüssiggas«? Oder eine »virtuelle Realität«? Beim Gedicht »Dunkel war‘s der Mond schien helle« wird mir ganz anders, weil ich mir so viele verschiedene, sich gänzlich widersprechende Dinge vorstellen muss.“[79]

Auch einfachste Redewendungen können bei Hypersensiblen, in müden und erschöpften Momenten, zu erheblicher Begriffsstutzigkeit führen. Und das hat nichts mit Dummheit zu tun, sondern liegt »einfach« an der Tatsache, dass latente und bewusste Synästhesie zwei nicht immer vereinbare Dinge sind. Menschen, die ihre synästhetischen Verbindungen bewusst ausleben, können sich jedoch die Etymologie der Metaphernbildung anlesen und so Muster und Symbole erkennen lernen, die über individuell wahrgenommene Details hinausgehen. Anders herum ist es genauso: Neurotypische Menschen haben ebenso die Fähigkeit, neurountypische Menschen nach ihrer Wahrnehmung zu fragen, und müssen diese nicht als »verrückt« abtun, sondern können sie ernstnehmen. Erst aus diesen wahrhaftigen Begegnungen kann wirkliche Kreativität erwachsen.

---

78 Linke, 161
79 Linke, 161

Was ist schon normal?

Nicht normal ist es für unsere Gesellschaft, wenn Menschen anfangen, eigene Sprachen zu entwickeln. Das empfinden jedoch wohl die meisten von uns nicht als krankhaft, sondern eher als positiv verrückt. Leider gibt es jedoch Kritiker, die mit dem Thema Inselbegabung sehr wohl ein Krankheitsbild verknüpfen und Inselbegabte als »Verrückt!« abstempeln und dies negativ meinen. Völlig zu Unrecht, denn gerade in der außergewöhnlichen Kreativität der Inselbegabten liegt die wahre Menschlichkeit verborgen.

Natürlich bietet Normalität eine gewisse Stabilität, und wer anders ist, rüttelt irgendwie an diesem statischen Zustand – aus Sicht dieser Kritiker. Doch gerade Verrücktheit – und zwar im positivsten Sinne – bietet eine Chance, der Evolution ins Auge zu sehen, denn Normalität ist nur dann wirklich stabil, wenn ihr zugestanden wird, Teil der Evolution zu sein. Ein statischer Zustand hingegen hat mit wirklicher Stabilität nichts gemein.

So können gerade diejenigen Menschen, die mit ihren Fähigkeiten aus unserer Gesellschaft herausragen, zeigen, in welche Richtung die Evolution gehen kann, denn das geistige Potenzial zu außergewöhnlichem Denken haben alle. Oft muss man nur an einen bestimmten Punkt kommen, um dies zu erkennen.

Doch solange Hypersensible, Autisten, ADHSler, Synästhetiker oder andere Neurountypische in der Schule als »dumm« beschimpft und aus der »normalen« Welt ausgegrenzt werden, ist es schwierig, das wirkliche Potenzial eines Hypersensiblen zu erkennen. Zumal er das am besten erst einmal selbst erkennt. Wer sich nämlich für dumm hält, wird keine Fähigkeiten zur Entfaltung bringen können.

Viele Hypersensible haben in ihrer Schulzeit mit dem Begriff der

Dummheit zu kämpfen, wenn sie nicht in der Lage sind, sich auf vorgegebene Strukturen einzulassen, um diese eins zu eins aufzunehmen und wiederzugeben. Viele Kinder schalten in der Schule einfach ab, wenn sie sich nicht auf das Vorgegebene konzentrieren können. Ursachen dafür gibt es so viele, wie menschliche Handlungen im Umfeld des Kindes zusammenkommen.

In einer Klassenarbeit kann es schon genügen, wenn ein Schüler mit ADHS und ein nervöser Schüler sich in die Quere kommen. Wenn letzterer ständig mit dem Fuß wippt, hat ersterer ein ernstes Problem. Bei ADHS besteht im Gehirn ein Mangel am Botenstoff Dopamin. Dessen Aufgabe ist es, sich um die Lenkung der Aufmerksamkeit zu kümmern. Ist nicht genug Dopamin da, ist die Informationsübertragung zwischen den Nervenzellen aus dem Gleichgewicht, und es findet eine Reizüberflutung statt. Denise Linke beschreibt das so:

„Mein Gehirn gleicht einem Freizeitpark, bei dem die Schalterhäuschen am Eingang nicht besetzt sind. Alle rennen ohne Kontrolle in den Park und wollen auch noch gleichzeitig aufs Riesenrad. [...] Weil ich massive Probleme hatte, mich zu konzentrieren, hielt ich mich nahezu mein ganzes Leben für dumm oder faul oder beides [...]. Dabei ist es nicht so, dass ADHSler sich überhaupt nicht konzentrieren können. Nur können sie es eben meistens nicht. Interessiert uns aber etwas brennend, gehen wir in einen Hyperfokus. Unser Gehirn schaltet dann quasi alle Lampen aus, und das Flutlicht im Stadion unseres aktuellen Interesses geht an. [...] Mit Dingen, die mich nicht interessieren, kann ich mich nicht beschäftigen. Weil ich dann das Gefühl habe, der Hamster in meinem Kopf würde sich in seinem Laufrad vor Unruhe überschlagen."[80]

---

80 Linke, 106-109

Auch während des Unterrichts außerhalb jeglicher Prüfungszeiten kann ein Klassenraum mit einer Horde von Mitschülern zur bloßen Überforderung werden. Ständiges Tuscheln und blöde Witze der Mitschüler können einen Hypersensiblen permanent ablenken. Wird er dann auch noch direkt vom Lehrer angesprochen, um eine Frage zu beantworten, kann die visuelle Aufmerksamkeit von allen auf einen ihm noch das letzte bisschen Luft zum Atmen nehmen. Von Raum zum Denken ist hier gar nicht mehr die Rede. Wird derjenige dann auch noch als dumm beschimpft, kommt das eigentlich seelischem Missbrauch gleich. Aber im Grunde liegt das größere Unwissen immer bei denjenigen, die das Wort »dumm« in den Mund nehmen, um es anderen ins Gesicht zu spucken.

Müsste eigentlich nicht jeder Lehrer erkennen können, wenn der Hypersensible gleich einem ängstlichen Reh am liebsten davonlaufen würde und dementsprechend ermutigend mit ihm umgehen, anstatt ihn mit Fragen zu beschießen? Gleich einem Großraumbüro für einen neurotypischen Menschen ist eine Klasse unreifer, zappelnder Heranwachsender eine Zumutung für jeden Hypersensiblen. Leider wird der Hypersensible ohne Hilfe folglich in eine Rolle gedrängt, die so unschön mit dem Attribut »dumm« behängt wird, weil er aufgrund der permanenten Reizüberflutung keine Verbindung zum Unterrichtsstoff herstellen kann und Aufgabenstellungen nicht so hinbekommt wie Neurotypische.

Das Einzige, was an dieser Stelle den Fokus auf den Unterrichtsstoff herstellen kann, ist Leidenschaft oder Hingabe, was in diesem schulischen Rahmen allein durch menschliches Interesse und eine authentische Haltung des Lehrers geweckt werden kann.

Beim Inselbegabten ist die Hingabe schon geweckt, sie scheint in vielen Fällen intuitiv mit dem Menschen verbunden zu sein, so dass die Begabung eng mit dem Denken verflochten ist, in der Art wie

Daniel Tammet Berechnungen mithilfe seiner mentalen synästhetischen Bilder vornimmt. Solche Inselbegabten leben ihr Potenzial irgendwie ganz selbstverständlich und müssen es nicht erst noch erkennen. Doch auch sie machen in der Schule oft – im Gegensatz zu den Neurotypischen – abnormale Erfahrungen des Ausgegrenztwerdens. Dabei handelt es sich bei all den klinischen oder nicht klinischen Bildern, wie dem Savant-Syndrom, ADHS, Autismus oder Synästhesie, im Grunde um ganz individuelle Bewusstseinsformen. Wenn ihnen eine gemeinsame Resonanz fehlt, bleibt die Frage nach Normalität erst einmal offen.

Ich bin nicht normal, ich lebe in einer Bewusstseinsform!

Die Bewusstseinsform des Hypersensiblen ist sozusagen die Vorstufe für klinische Bilder, die stärker in Richtung eines krankhaften Zustandes rücken. Symptome aus dem autistischen Spektrum sehen dabei sehr individuell aus und müssen nicht zwangsläufig mit einer sozialen Behinderung zu tun haben. Leider hat der Film *Rain Man* andere Eindrücke in unsere Köpfe gestreut, zumal Kim Peek, das Vorbild für die Figur des Raymond, nicht Autist, sondern Savant ist.

Das Buch von Denise Linke mit dem Titel *Nicht normal, aber das richtig gut* zeigt, dass Autismus und ADHS im Grunde Bewusstseinsformen sind; und dass es auf den Menschen ankommt sowie darauf, was er daraus macht. Denise Linke hat mit ihrer Diagnose eine Definition für ihre Bewusstseinsform bekommen und nimmt das dafür her, um sich selbst zu formen. Das ist eine der menschlichsten und kreativsten Seinsformen. Sie beschreibt das so:

„Mein ADHS hat mich immer wieder in vollkommen absurde Lagen gebracht. In solche, vor denen mich mein Autismus und damit meine Angst vor Neuem eigentlich bewahren wollte. Impulsivität und Asperger passen zusammen wie Feuer und Wasser. Also gar nicht. Durch mein ADHS verhalte ich mich so impulsiv, dass meine durch Asperger gegebene Zurückhaltung für andere häufig nicht erkennbar ist. Ich bugsiere mich selbst in Situationen, mit denen ich eigentlich überhaupt nicht umgehen kann, es dann aber wohl oder übel muss. […] Ich bin allergisch gegen das Unbekannte und gleichzeitig süchtig nach Erfahrungen."[81]

Diese beiden Pole bringen eine Bewusstseinsform hervor, die möglicherweise krankhafte Symptome überwindet. Wer bewusst an sich arbeitet, trägt eine mögliche Krankheit in Richtung Heilung. Nur wo pathologische Zustände versteckt werden und undefiniert bleiben, können sich chronische Krankheitsbilder herausbilden, was bei der Frage nach seelischer Krankheit oder Gesundheit zentral ist. Wo hier die Grenze gezogen werden soll, kann der Hypersensible am besten selbst beurteilen – am besten mit Hilfestellung von außen.

Doch gerade die Hypersensiblen laufen Gefahr, immer mehr in Richtung des Stempels »Verrückt!« zu laufen, wenn man sich die Neuauflage des wichtigsten Handbuchs für die Diagnose psychischer Störungen[82] anschaut. Dieses amerikanische Handbuch dient, was psychische Krankheiten anbelangt, dem internationalen und in Deutschland gültigen Klassifikationssystem der Krankheiten namens ICD-10 als Vorbild. Laut einem Artikel der Wochenzeitung *Die Zeit* werden in diesem Diagnose-Handbuch immer mehr psychische Störungen aufgenommen, wodurch womöglich eigentlich gesunde Menschen mit einer Diagnose bedacht werden, die ein Gefühl von Krankheit verursachen kann, das den Betroffenen dann erst wirklich krank macht. Was dabei im Klinikalltag und in der

81 Linke, 108-110
82 Diagnostic and Statistical Manual of Mental Disorders (DSM)

öffentlichen Wahrnehmung aus dem Fokus gerät, ist die Tatsache, dass psychische Krankheiten Konstrukte sind, bei denen die Ursache in vielen Fällen nicht wirklich fassbar ist.[83] Gerade deshalb ist es so wichtig, dass jeder Mensch an seinem Selbstbewusstsein arbeitet und sich seine Selbstwahrnehmung nicht von außen absprechen lässt, sondern diese in Reflexion zu seiner Umwelt weiterentwickelt.

Bei aller Gefahr, dass immer mehr gesunde Menschen einen gegenteiligen Stempel bekommen, ist es doch so, dass Hypersensible oft selber nicht spüren, warum sie mit ihrer Umwelt weniger klarkommen als andere. Wenn sie das durch eine Diagnose wie ADHS erfahren, kann das hilfreicher sein als ohne Diagnose. So können sie achtsamer mit sich umgehen und bewusst an den sensiblen Stellen arbeiten, wodurch der Betroffene einen individuellen Umgang mit der Umgebung erlernen kann, der für Menschen ohne ständige Reizüberflutung vielleicht einfacher ist.

Wolfgang Gaebel, der Leiter der Universitätsklinik für Psychiatrie und Psychotherapie in Düsseldorf, sieht es als Fortschritt, so heißt es im oben genannten *Zeit*-Artikel, „dass die modernen Klassifikationssysteme die Patienten nicht nur in verschiedene Schubladen stecken, sondern auch unterschiedliche Ausprägungen und milde Verlaufsformen psychischer Störungen berücksichtigen. […] Ein Arzt kann mithilfe des neuen Handbuchs nun beispielsweise einordnen, wie stark Wahnvorstellungen oder Halluzinationen bei einem schizophrenen Patienten ausgeprägt sind – und nicht nur, ob er überhaupt darunter leidet. Dass ein fließender Übergang zwischen Gesundheit und seelischer Krankheit die Wirklichkeit besser abbildet, darüber sind sich die meisten Fachleute inzwischen einig. In den wenigsten Fäl-

83 Josephina Maier: Ihr seid doch alle verrückt, in: *Die Zeit*, Nr. 20 (08.05.2013)

len erkranken Patienten von heute auf morgen an einer gravierenden psychischen Störung."[84]

Erst durch die Erkenntnis, dass es um einen Prozess geht, der bewusst beeinflusst werden kann, kann der Betroffene wirklich Hilfe erfahren oder sich selbst helfen, je nach Ausprägung und Art der Symptome. Die individuelle Wahrnehmung muss vor allem bei Hypersensiblen der Ansatzpunkt sein, um mit alltäglichen Situationen umgehen zu können. Wer mit der individuellen Wahrnehmung achtsam ist – dabei ist es vor allem die Eltern-Kind-Beziehung, in der jede kindliche Äußerung ernst genommen werden muss –, der wird bei hypersensiblen Kindern Warnsignale ausräumen können, um zu verhindern, dass Sensibilität sich irgendwann in pathologisch-kranken Zuständen äußert.

Selbstbewusst nicht normal sein

Wenn also psychische Krankheiten Konstrukte sind, die sich symptomatisch äußern, müssen die Symptome nicht zwangsläufig allein negativ aussehen. Ein Overload, eine Reizüberflutung, kann den Menschen kurzzeitig in einer Situation in gewisser Weise lähmen. Doch jeder Mensch entwickelt eine individuelle Form von Selbstbewusstsein, die er dazu benutzen kann, um diese Lähmung umzuformen.

Das Spektrum an Symptomen ist allein bei Autismus groß: „Laut ICD-10, der aktuellsten Version der von der Weltgesundheitsorganisation herausgegebenen Klassifikation psychischer Störungen, zählt Autismus zu den »tiefgreifenden Entwicklungsstörungen«. Wört-

---

84 Josephina Maier: Ihr seid doch alle verrückt, in: *Die Zeit*, Nr. 20 (08.05.2013)

lich heißt es da: »Eine Gruppe von Störungen, die durch qualitative Beeinträchtigungen in gegenseitigen Interaktionen und Kommunikationsmustern sowie durch ein eingeschränktes, stereotypes, sich wiederholendes Repertoire von Interessen und Aktivitäten charakterisiert sind«. Mittlerweile sprechen manche von einer »Autismus-Spektrum-Störung«, um deutlich zu machen, dass innerhalb des gesamten Spektrums ganz verschiedene Ausprägungen autismustypischer Merkmale existieren. Es gibt den frühkindlichen Autismus, der mit einer verzögerten Sprachentwicklung, mit Kontaktstörungen, Angst vor Veränderungen und intellektuellen Beeinträchtigungen einhergehen kann. Es gibt das Asperger-Syndrom, das ich aufgrund meiner Erfahrung als Einschränkung der sozialen Intuition sowie als Erweiterung der sinnlichen Wahrnehmung definieren würde. »Sozial tollpatschig«, nannte es Temple Grandin, Professorin an der Colorado State University und eine der bekanntesten Autistinnen der Welt, als ich sie interviewte. Es gibt den atypischen Autismus und dann noch eine Handvoll Mischformen und autismusähnliche Störungen."[85]

Dabei sind die Ausformungen dieser Konstrukte oder Bewusstseinsformen so individuell wie jeder Mensch es ist, und es liegt an ihm, was er daraus machen kann und will. Das könnte bei der individuellen Selbstwahrnehmung helfen, um persönliche Fähigkeiten zu stärken und die negativen Aspekte, die zum Menschsein einfach dazugehören, trotzdem so latent zu halten wie möglich. Wenn wir die ICD-10 Klassifikation psychischer Konstrukte weiterdenken, könnten wir im Prinzip alle darin unterkommen, denn wir alle leben in einer bestimmten psychischen Form.

Bei den meisten Menschen spielt in dieser Form die Wahrnehmung

85 Linke, 29f.

von Angst eine wichtige Rolle. So haben alle den Willen zur freien Entscheidung, ob sie aus einer Angst heraus handeln und sich dadurch eine latente Angst womöglich mit der Zeit chronisch manifestiert oder ob sie die Angst überwinden und dadurch die Möglichkeit haben, kreativer zu sein als mit dieser Angst als Kreativitätsschranke. Ein Beispiel dafür ist der Flug Denise Linkes nach São Paulo, den sie aufgrund ihres ADHS antrat. Ihr Autismus hätte das verhindert, wenn ADHS in dem Moment nicht stärker gewesen wäre. Dabei spielt eine Rolle, dass sie erstens keine Impulskontrolle hatte und zweitens auch dann keine Angst verspürte, als sie hörte, wie in unmittelbarer Umgebung Busse in die Luft gesprengt wurden:[86]

„Ich kam überhaupt nicht auf die Idee, eine wie auch immer geartete Verbindung zwischen meinem neuen Zuhause und den Explosionen in unmittelbarer Nähe zu ziehen, und ich lag damit richtig. Natürlich passierte mir überhaupt nichts. Den gesamten Urlaub verbrachte ich im trauten Frieden mit meiner Umwelt. Die Männer, die in fahrenden Bussen Messersets verkauften, die Einschusslöcher in so einigen Schulfenstern oder die brennenden Müllberge vor der Haustür."[87] Denise Linke hatte keine Angst davor, weil sie es nicht mit ihrem Leben in Verbindung bringen konnte. „Vielleicht meinen manche das mit »autistischer Empathielosigkeit«. Ich nenne es Pragmatismus."[88]

Eine Angst als Kreativitätsschranke hat zur Folge, dass derjenige, der von Angstgefühlen getrieben ist, seine Mitmenschen aus den Augen verliert und dadurch die Möglichkeit, ein authentisches Leben zu führen. Letzteres wird ebenso verhindert durch die Angst vor Stigmatisierung. Dass jedoch in jedem Menschen latente psychische

---

86 Linke, 110-114
87 Linke, 114
88 Linke, 114

Störungen vorliegen, genauso wie latente Kreativität, wird bei dieser Angst ausgeblendet. Dabei ist es gerade die Fähigkeit, Angst zu haben, die uns genau das zeigt. Angst kann nämlich positive und negative Auswirkungen haben und ist eine menschliche Eigenschaft genauso wie die Fähigkeit, eine Sprache zu erlernen.

Durch diese Konstruktebene hindurch können wir zum Menschen gelangen. Eine neue Dokumentation über Menschen mit Symptomen aus dem autistischen Spektrum zeigt eben dies: Das, womit sie am besten umgehen können, ist Authentizität.[89] Denise Linke drückt das so schön aus: „Mit dem Lügen ist es wie mit dem Schminken: Ich habe schon ein Gesicht, ich sehe nicht ein, mir ein neues zu malen. Es gibt schon eine Wahrheit, warum sollte ich eine zweite erfinden? Das Konzept erschließt sich mir nicht."[90]

Der Softwarehersteller SAP attestiert das authentische Verhalten autistischer Mitarbeiter ebenso als Gewinn für die Teamarbeit, wie es in einem *Zeit*-Artikel heißt. Anka Wittenberg, als Chief Diversity Officer bei SAP verantwortlich für das betriebsinterne Autismus-Programm, attestiert in diesem Artikel: Weil Autisten keine Ironie und keinen Sarkasmus verstehen, sei eine klare Kommunikation notwendig, wovon alle Mitarbeiter profitierten, weil die gemischten Teams so höflicher und ehrlicher miteinander umgingen.[91]

Hinter authentischem Verhalten steckt das kreative und wahrhaftige Erkennen, die menschlichste aller menschlichen Fähigkeiten. Wer authentisch handelt, kann sein Selbstbewusstsein stärken. Ist nicht diese Art und Weise des Seins die gesündeste überhaupt, so dass die Frage nach Normalität irgendwie hinfällig wird? Oder allein mit der

---

89 http://m.zdf.de/ZDF/zdfportal/xml/object/40818604, abgerufen am 15.11.2015

90 Linke, 105

91 Kerstin Bund; Marcus Rohwetter: Wahnsinns-Typen, *Die Zeit*, Nr. 34 (14.08.2013), 21

Forderung beantwortet werden kann: Normal sollte einzig Authentizität sein!

Du bist, wie Du bist – und das ist gut so!

Diese Aussage gilt in unserem gängigen Schulsystem kaum bis gar nicht. Darin wird die Wahrnehmung der Hypersensiblen nur vage ernst genommen und auch das Körpergefühl nicht gefördert, was zu Fragen und Bildern wie den folgenden von Denise Linke aus dem Sportunterricht führt:

„Dient es einem höheren Zweck, mein verzweifeltes, von Todesangst getriebenes Gehopse in eine Zahl zu übersetzen? Wohl kaum. Es führt zu überhaupt nichts. Nur zu einem schlechteren Numerus clausus und einem noch schlechteren Selbstwertgefühl.“[92] Wenn wir hypersensible Menschen von klein auf ernst nehmen wollen, müssen wir etwas in unserer Haltung ändern. Dafür ist die Schule, auf der Denise Linke ihr Abitur machte, ein gutes Beispiel.

Der Fokus liegt in solchen Schulen auf dem Menschlichsten im Menschen, nämlich auf vorurteilsfreier Integration. Denise Linke schreibt von Inklusion. Sie absolvierte ihr Abitur auf einer ebensolchen strukturierten Schule. Aufgrund dieses Schulmodells, wo kein Schüler zu etwas gezwungen wurde, was er nicht konnte, brauchte es nicht einmal eine Diagnose dafür, dass Unzulänglichkeiten und Stärken des Einzelnen erkannt werden. Man ließ sich einfach auf sie ein:

„Wenn es mir in einer Prüfung nicht möglich war, ein Wort aufs Papier zu bringen, weil das Atmen und die Stifte meiner Mitschüler in meinen Ohren dröhnten, durfte ich in einem anderen Raum wei-

92 Linke, 86

terschreiben. Ohne Aufsicht, dafür mit viel Vertrauen. Geschummelt habe ich ohnehin nie. Wenn mich ein Thema nicht interessierte und ich daher vollkommen abschaltete, wurde mir ein Vortrag zu einem anderen angeboten, das mich mehr ansprach. So kam es zu einem Referat über die europäische Schlafkrankheit, obwohl sich in Biologie eigentlich alle gerade mit Ökologie befassten.

Wenn ich beim Sportunterricht aufgrund meiner autismustypischen motorischen Ungeschicklichkeit über die eigenen Beine stolperte und dann aus Angst vor dem Ball wegrannte, brauchte ich nicht mehr mitzuspielen. Man ließ mich dafür die Regeln lernen und die Punkte zählen."[93]

Diese Art des authentischen Miteinanders, wo der Mensch mit all seinen Stärken und Schwächen zählt und nicht bewertet wird, wie er in einer engen vorgegebenen Struktur funktioniert, könnte psychische Krankheiten abmildern, und eine entsprechende Diagnose wäre womöglich gar nicht mehr notwendig. Wie würde eine Welt aussehen, in der Menschen sich gegenseitig wirklich sehen und sagen können: Du bist, wie Du bist – und das ist gut so! Dahin könnte der Weg der Inklusion führen, wie Denise Linke ihre Hypothese vorstellt:

„Wenn unsere Schulen sich erst einmal ernsthaft der Inklusion verschreiben, gibt es sicher auch genug Kinder im Rollstuhl, um einen Rollstuhlbasketball-Kurs zusammenzubekommen. Richtig aufregend wird es, wenn man Kinder mit und ohne Behinderung mischt und die blinde Susanne der sehenden Hannah beim Tanzen erklären kann, wie das Tanzen ohne Sehen so ist. Man könnte den sehenden Kindern die Augen verbinden und sie an eine andere Welt des Erfahrens und Erlebens heranführen."[94]

Wenn wir lernen könnten, das Menschlichste im Menschen zu se-

93 Linke, 83
94 Linke, 85

hen, könnte uns dieser Fokus zu einem gemeinsamen und liebevollen Miteinander führen, das zeigt, wie wertvoll jeder einzelne Mensch mit all seinen Stärken und Schwächen ist, die wir gegenseitig hervorlocken und stützen können.[95]

Dieser authentische Weg kann stets an denjenigen Punkten beginnen, an denen Menschen mit einer vermeintlichen Behinderung nicht mehr darüber definiert werden, sondern an denen jeder Mensch vom anderen lernt, wie er die Welt wahrnimmt. Dadurch können über Sinne Gegebenheiten offenbar werden, derer sich nicht jeder Mensch gleich gewahr ist, so wie Denise Linke sich von dem blinden René seine Sicht auf die Umgebung beschreiben lässt:

„»Es ist ein warmer Sommertag, nicht mehr mittags, aber auch noch nicht viel später«, fing er an. »Links neben uns muss etwas Großes stehen, vermutlich ein Haus, rechts von uns nicht. Da ist vermutlich Grünfläche.« Verdutzt blieb ich stehen. »Woher weißt du das?« »Das ist ganz einfach, wenn man erst einmal daran gewöhnt ist, nichts zu sehen. Es riecht nach frisch gemähtem Rasen, viele Leute mähen den Rasen früh. Mittags ist es leiser als jetzt, aber so richtig aus ihrem Verdauungsschlaf erwacht sind die Leute auch noch nicht. Vermutlich gab es vor nicht allzu langer Zeit bei den meisten Anwohnern Essen. Man riecht es aber schon nicht mehr. Rechts von uns höre ich mehr Vögel, links von uns höre ich weniger, und es hallt ein ganz klein wenig von dort.« »Es ist so, als ob das Ohr mehr Platz hat?« »Ja, das beschreibt es ganz gut.«“[96]

Und wenn Denise Linke mit ihrem autismustypischen Fokus auf Details René ihre Sicht auf die Umgebung beschreibt, dann erfährt er beispielsweise von den verschiedenen Grautönen der Kiesel, ih-

95 Linke, 94
96 Linke, 203f.

ren verschiedenen Formen, Rundungen und Dellen.[97] So können sich die individuellen hyperaktiven Sinne gegenseitig speisen, und es rücken Puzzleteile der Umwelt in den Fokus, die bis dahin »ungesehen« blieben und den Horizont der Wahrnehmung erweitern. Dadurch wird klar: Die einzige authentische Realität ist die mentale Bilderwelt, die sich durch die individuellen Sinne speist. Für diese authentische Realität ist die materielle Umgebung nur Spiegel. Authentizität ist deshalb allein menschliche Wahrnehmung, die so individuell ist, wie der Mensch es eben ist.

Wir sind alle Teil der Evolution!

„Gerade der Umgang mit dem Asperger-Syndrom zeigt, wie produktiv es sein kann, die Definitionen des Normalen zu allen Zeiten infrage zu stellen. Vielleicht brauchen neue Zeiten neue Menschen. Es könnte ja sein, dass Erfindungen und unerwartete Entwicklungen der Arbeitswelt die Stärken der Schwachen zutage treten lassen. Dass das Anderssein sich plötzlich als evolutionärer Vorteil entpuppt. Dass als genial entdeckt wird, was eben noch als krank galt."

Dieses Zitat stammt aus dem *Zeit*-Artikel mit dem Titel *Irre erfolgreich*. Es zeigt, dass jede Form von Bewusstsein ihre Stärken und Schwächen hat, dass Krankheit nicht zwangsläufig Krankheit sein muss und Autismus nicht zwangsläufig Krankheit. Dieser immer klarer werdende Blick speist unseren Zeitgeist. Evolution findet immer statt, kein Mensch kann sich ihr entziehen. Auf diese Weise ist auch Technik Teil dieser Evolution, weil wir jeden Tag und mit jedem Handgriff darüber entscheiden.

---

97 Linke, 201

So können durch das Internet Menschen mit Autismus die Kommunikation neu erleben. Wer beispielsweise anderen Menschen nicht in die Augen schauen kann, hat mit dem digitalen Netz eine Möglichkeit, um die Kommunikation zu erlernen und sich anderen Menschen anzunähern. Auch wer sich mit der Mimik schwer tut, hat durch Smileys die Möglichkeit, das Mimik-Lesen zu erlernen, denn jedes Smiley hat eine regelhafte Bedeutung, während die unterschiedlichen Wendungen der vielen Gesichtsmuskeln sehr unterschiedliche Bedeutungen einnehmen können. Zudem können Online-Gespräche besser unterbrochen werden. Da verhält es sich bei digitalen Nachrichten jeder Form, sei es nun eine Twitter- oder Facebook-Nachricht, ähnlich wie bei E-Mails. Man beantwortet sie, wenn man kann. Eine sofortige Reaktion ist (meistens jedenfalls) nicht notwendig, diese Etikette ist hinlänglich bekannt und weit verbreitet. Ein analoges Gespräch jedoch kann man nicht so einfach abbrechen, ohne einen Grund dafür zu nennen oder ohne sich zu verabschieden.[98] Oder es einfach für ein paar Minuten zu unterbrechen, um sich zu sammeln. Da ist die einzige Möglichkeit, die Toilette aufzusuchen oder, wie es Denise Linke eine Zeit lang gehandhabt hat, zu rauchen, weil das ein gesellschaftlich akzeptierter Vorwand zu sein scheint, sich aus einer sozialen Interaktion für ein paar Minuten herauszuziehen: „Eine Raucherin, die mal kurz vor die Tür geht, wird von allen akzeptiert. Bei jemandem, der fünf Minuten für sich braucht, um sich zu sammeln, denken die Leute jedoch: Was hat der denn?“[99]

Im digitalen Medienzeitalter ist es vielleicht so, dass immer mehr Menschen mit autistischen Zügen ihre Symptome auf extrem erfolgreiche Weise nutzen können. Dementsprechend ändert sich auch

98 Das beschreibt auch Denise Linke, 49f.; 53.
99 Linke, 57

der Zeitgeist, und es werden Menschen mit psychischen Problemen nicht mehr als krank angesehen, sondern es wird in ihren extremen Charakterzügen ihre Genialität erkannt. Verrückt ist nunmehr nicht mehr verrückt im negativen Sinne, sondern wird immer mehr als Attribut eines großen Potenzials gesehen, wie es der Coach und Autor Veit Lindau mit seinem Bestseller *Werde verrückt!* vorschlägt.

Doch muss bei dieser „Kompatibilität" auch darauf geachtet werden, dass unsere schnelllebige Zeit der digitalen Selbstoptimierung nicht noch mehr Opfer fordert. Nicht jeder Hypersensible hat auch Erfolg. Es gibt immer noch zu viele Neurountypische, die für ihre vermeintlichen Schwächen bestraft werden und deshalb ihre Stärken nicht oder nur beschränkt ausleben können. Deshalb sind die Fragen, die Denise Linke stellt, so wichtig: „Wollen wir unsere Menschlichkeit der Schnelllebigkeit und der Selbstoptimierung opfern? Oder wollen wir in einer Gesellschaft leben, in der Andersartigkeit Normalität ist, weil wir uns alle unserer einzigartigen Schwächen und Stärken bewusst sind und uns gegenseitig stützen?" Denn es ist doch so, dass „uns unsere Taten definieren", und nichts anderes.[100]

Deshalb kann Erfolg oder eine herausragende Leistung vielleicht mitunter auch an der simplen Tatsache liegen, dass ein Mensch sich entsprechend der Funktionsweise seines Gehirns verhält, anstatt in der Masse unterzugehen, wie Denise Linke schreibt: „Dabei wollte ich gar nicht auffallen oder anders sein. Ich wusste nur nicht, wie ich mich verhalten musste, um in der Masse unterzugehen."[101] Die wahre Evolution hängt zwischenzeitlich von Selbstbewusstsein ab und auch davon, wie sich die Mitmenschen auf den neurountypischen Menschen einlassen, ob er nun Asperger hat, Synästhetiker ist oder Hypersensibler. Wird er liebevoll aufgenommen oder ausgestoßen,

---

100 Linke, 94
101 Linke, 71

integriert oder gemobbt? Es ist im Grunde so komplex wie einfach: „Ich brauchte keinen Zettel, auf dem irgendeine Krankheit stand. Ich brauchte keine Therapie. Ich brauchte Menschen, die sich Mühe mit mir gaben, so wie ich mir Mühe mit ihnen gab."[102]

Nicht immer fähig zu Resonanz?

Neurotypische und Neurountypische können gegenseitig ihre Sinne erfahren und lernen, wie es dem Gegenüber geht. Wenn jeder dem anderen mitteilt, was er wahrnimmt und fühlt, können auch Neurountypische und Autisten lernen, dass der Umgang mit Menschen Spaß machen kann, wie es Denise Linke und Daniel Tammet zeigen. Dadurch wird ein gewisses Schwingen erlebbar.

Die Behauptung, ein Autist könne keine Resonanz erfahren, ist also schlichtweg falsch. Dass sie nicht intuitiv auf Minimalbewegungen der mimischen Muskulatur antworten können, ist zwar zunächst einmal richtig, wie der Mediziner Ruediger Dahlke in dem Buch *Störfelder und Kraftplätze* schreibt.[103] Doch zeigt die menschliche Entwicklung, dass Resonanz auf solch vielen individuellen Wegen erfahrbar ist, wie es Menschen gibt, die sich den Neurountypischen ohne Vorbehalte zuwenden.

Wenn Autisten Minimalbewegungen der mimischen Muskulatur nicht spiegeln können, ist es natürlich erforderlich, dass die Neurotypischen lernen, sich offen mitzuteilen, um Neurountypische nicht auszuschließen. Es geht vor allem im familiären Umfeld darum, jedes Gefühl eines Hypersensiblen ernst zu nehmen, um möglichst wahrhaftige Resonanz herzustellen. So wird folgendes Zitat hof-

---

102 Linke, 77
103 Dahlke, Störfelder und Kraftplätze, 93

fentlich mehr und mehr dem Zeitgeist der Vergangenheit angehören:

„Bei der Fülle der Phänomene von Resonanz ist es erstaunlich, wie wenig Beachtung dieses Prinzip bisher in unserer Welt fand. Dabei könnten wir auch vonseiten der Wissenschaft längst wissen, wie groß seine Bedeutung ist. Schon vor Jahrzehnten hat der US-Amerikaner William S. Condon bewiesen, wie weitgehend unsere Kommunikation auf Resonanzphänomenen basiert. Mittels Filmaufnahmen von Sprechenden und Zuhörern in extremer Zeitlupe bewies er, wie beide in Resonanz miteinander sind. Mit winzigen, von den Betroffenen gar nicht wahrgenommenen, aber in Zeitlupe deutlich sichtbaren Minimalbewegungen der mimischen Muskulatur gehen Zuhörer in Resonanz zum Sprecher. Bei den minimalen Resonanzbewegungen der Gesichtsmuskulatur handelt es sich nicht um Reaktionen auf das Gehörte; die mimische Muskulatur bewegt sich völlig synchron. Beide Seiten sind also im selben Moment miteinander verbunden. Nur autistische Kinder und Taube sind unfähig zu solcher Resonanz. Wahrscheinlich ist das der Grund, warum dieses Schicksal so schwer zu ertragen ist und den Betroffenen letztlich [...] zu schaffen macht [...]. Erfahrungen mit Gefangenschaft zeigen, dass die absolute Verweigerung von Resonanz zu den schlimmsten aller Strafen gehört. Sogenannte sensorische Deprivation ist unerträglich, und man spricht in diesem Zusammenhang auch von Isolationsfolter. Gefangene verlegen sich in solchen Situationen meist auf Selbstgespräche. [...] Der Entzug von Resonanz ist für Kinder ebenfalls die schlimmste Strafe, sie betteln dann geradezu um nur irgendeine Form der Aufmerksamkeit oder Beachtung, und sei es eine Ohrfeige. Sie schaukeln oder wiegen sich selbst und schlagen in höchster seelischer Not sogar ihren Kopf an das Bettgestell oder die Wand, nur um wenigstens eine gewisse Resonanz zu spüren. In solch resonanzfreien Situationen kann es geschehen, dass Menschen dem Wahnsinn im psychiatrischen Sinn verfallen."[104]

Vielleicht mögen Autisten nicht die Fähigkeit haben, mit minimalen Bewegungen der Gesichtsmuskulatur in Resonanz zu gehen, aber sie haben Ohren zu hören und antworten auf solche Stempel, wie Denise Linke: „Das ist ein brandgefährliches Narrativ. Wer immer auf das Leid und die Pein anderer Menschen hinweist, sagt damit, dass ihr Leben weniger lebenswert sei als das eigene, neurotypische, »gesunde«."[105]

Gerade das Streben nach Resonanz durchdringt alles und jeden, danach sind wir alle ausgerichtet, wodurch ein Anknüpfen leicht sein kann – wenn man sich dem nur bewusst öffnet. Genau das ist es, was wir alle schaffen können: Wir können unser Bewusstsein den besonderen Bewusstseinsformen Hypersensibler öffnen. So können wir mögliche psychische Krankheiten verhindern, bevor sie überhaupt auftreten, und zwar durch gemeinsames Schwingen, durch authentisches Verhalten. Dazu muss sich jeder Mensch bewusst und ernsthaft jeder hypersensiblen Bewusstseinsform öffnen, ohne von ihr zu erwarten, dass sie sich an einen gesellschaftlichen Konsens angleichen muss. Erst durch diese Voraussetzung kann eine Basis geschaffen werden für einen Widerhall oder für eine Antwort, was »Resonanz«, wörtlich übersetzt, ja bedeutet.

Wenn wir nichts erwarten, können wir eine authentische Beziehung zum Gegenüber herstellen. Das spürt ein Neurountypischer vielleicht noch mehr als ein neurotypischer Mensch, das haben mir während meiner Recherchen zu diesem Buch alle Gespräche bestätigt. Hypersensible konzentrieren sich auf Details und nehmen diese bewusst wahr, wie in den vorherigen Kapiteln gezeigt. Sie nehmen

104 Dahlke, Störfelder und Kraftplätze, 93
105 Linke, 170

Details wahr, die neurotypische Menschen einfach übersehen. Genau aus diesem Bewusstsein heraus sollte ein Umdenken stattfinden: Vielleicht bieten die besonderen Bewusstseinsformen Hypersensibler so eine Chance für eine gemeinsame Entwicklung der Sinne.

Das Wiegen eines Autisten oder epileptische Anfälle sind Symptome von fehlender Resonanz, aber nicht weil die Hypersensiblen nicht zu Resonanz fähig sind, sondern weil ihnen in ihrer Umgebung Authentizität fehlt. Wenn ein Autist nicht die Fähigkeit hat, mit kleinsten mimischen Bewegungen in Resonanz zu gehen – so what! Die Menschen in deren Umgebung können ihnen »ganz echt« einfach sagen, was sie fühlen und auf der Basis von Sprache Resonanz herstellen. Dabei ist die Haltung das Wichtigste: Ist man egoistisch und führt ein Gespräch, weil man etwas vom Gegenüber will oder sich nur auf das Gegenüber projiziert? Oder wirft man allen Egoismus über Bord? Man könnte sich einmal fragen: „Benutze ich Dich als Projektionsfläche, oder reflektiere ich?"

Die bewusste Haltung ist vor allem im Umgang mit Hypersensiblen notwendig, weil viele von ihnen auf ganz individuelle Weise die Haltung erfühlen können. Und Synästhetiker können das bildlich sehen! Das ist insbesondere bei Belehrungen problematisch, denn sobald ein Synästhetiker das Gedankenlöffelchen des Lehrers gewissermaßen als Mütze übergestülpt bekommt, ist es mit der Resonanz vorbei.

Dabei braucht der Lehrer genauso Resonanz wie der Schüler. Wenn es deshalb immer mehr Lehrer, Eltern und alle anderen Menschen schaffen, ihre bewertende Haltung aufzulösen, ist das nicht nur für die Neurountypischen eine Wohltat, sondern für alle Beteiligten, denn authentische Antwort und Widerhall braucht jede Seele.

Jeder hat bestimmte Vorlieben, wie etwa Konzerte zu besuchen. Ruediger Dahlke fragt in seinem Buch *Störfelder und Kraftplätze*:

„Warum etwa gehen wir im Zeitalter exzellenter Unterhaltungselektronik noch in die Konzerthalle? Im eigenen Wohnzimmer kann mit guten Digitalaufnahmen und erstklassigen Boxen optimale Tonqualität erreicht werden. Aber die Erfahrung lehrt, dass in einem Live-Konzert weit mehr geschieht. Das Geheimnis liegt in der Resonanz. Wir schwingen mit der Musik und folglich mit allen Musikern und den anderen Zuhörern mit. Wir tauchen damit in ein Schwingungsfeld ein und spüren Resonanz mit allen Beteiligten. Da die Musiker des Orchesters oder der Band ebenfalls in diese Resonanz eintauchen, die sie mit dem Dirigenten und uns teilen, ergibt sich ein besonderes Ereignis und eine Erfahrung, die im Innersten berühren wird."[106]

Solch ein Konzerterlebnis kann man auf den Alltag anwenden. Jeder weiß aus Erfahrung, in welcher Weise man sich beim Zuhören der Musik öffnet. Man ist in diesem Moment ohne Vorbehalte und voller Freude. Das kann man in ähnlicher Weise übertragen auf das Gegenüber. Wie wir unserer Lieblingsmusik voller Freude begegnen, könnten wir auch den Menschen in unserer Umgebung begegnen. So sind unterschiedliche Bewusstseinsformen in der Lage, sich anzunähern und Resonanz herzustellen. Es ist – synästhetisch ausgedrückt – als würden sich Felder und Gedankenformen einander annähern, nach und nach überlappen und ab und an vielleicht sogar ein Stück weit miteinander verschmelzen. Der Kern dieser unterschiedlichen Gedankenformen ist Authentizität, in ihr schwingen alle gleich. Wenn man sich das als Ziel nimmt, kann man eine Art synästhetisches Puzzle kreieren, bei dem jedes Teil amorphe Formen hat, die sich entsprechend der inneren Haltung ändern.

Man könnte auch sagen, dass es gewissermaßen unsere Natur ist,

106 Dahlke, Störfelder und Kraftplätze, 93f.

Resonanz herzustellen. Wie im ersten Kapitel anhand des Herzschlags schon gezeigt, ist Resonanz Grundlage allen Lebens und aller Bewegung. Das ist nicht einmal nur auf die menschliche und tierische Bewegung beziehbar, sondern auf jede Bewegung. Die Pendel von Standuhren, die in einem Raum stehen, schwingen nach kurzer Zeit gleich. So lässt sich die radikale Aussage von Hans-Peter Dürr, Materie wäre nicht aus Materie zusammengesetzt[107], gleich ein Stück weit besser verstehen. Es ist vielmehr so, als würden wir alle in einem natürlichen synästhetischen Netzwerk leben, in dem die Sinne die Fäden ziehen und die Materie dementsprechend auskristallisiert. Synästhetiker können das auf ihre bunte Art sehen und erfühlen; und auch Menschen mit Halluzinationen sehen das auf ihre Weise.

So nehmen unterschiedliche Bewusstseinsformen unterschiedliche Sinne wahr und unterschiedliche Details in denjenigen Dingen, mit denen wir uns umgeben. Viel Bewegung und viele Details bleiben dabei unbewusst. Sollte man in diesem Falle nicht die Hypersensiblen als Beispiel dafür nehmen, wie man seine Sinne ausleben kann, anstatt sich weiter auf automatische und unbewusste Handlungen zu stützen?

Auch neurologisch bringt uns die Natur dazu, Resonanz herzustellen. Es gibt spezielle Nervenzellen in unseren Gehirnen, die sogenannten Spiegelneuronen, die dafür zuständig sind, dass wir Resonanz herstellen.[108] Genau das befähigt uns, alle in einem gewissen Sinne gleich zu schwingen. Was sogar Pendeluhren können, sollte der Mensch das nicht erst recht können?

---

107 Dürr, Geist, Kosmos und Physik, 33

108 Dahlke, Störfelder und Kraftplätze, 102

Jeder Klang ein materielles Puzzleteil

Wo Daniel Tammet sich über Sprachen mit seiner Umgebung verbindet und dadurch seine einzigartige Bewusstseinsform lebt, kann auch Musik für diesen Vorgang dienlich sein. Wenn man Buchstaben oder Töne auf einzigartige Weise wahrnimmt, laufen besonders sinnliche Vorgänge ab, die man meistens gar nicht bewusst wahrnimmt; zumindest nicht in dem Ausmaß, wie sie auf Körper und Geist wirken können.

Bei der Wahrnehmung von Klängen werden die Sinne nochmals auf ganz andere Weise stimuliert, aufgrund der Resonanz. Man genießt Konzerte und fühlt sich wohl, was ein Konzerterlebnis jedoch wirklich mit den Sinnen macht, läuft meist unbewusst ab.

Ein außergewöhnliches Beispiel ist das Projekt „Beethoven fühlen" des Pianisten Leif Ove Andsnes, das offenbar macht, auf welche Weise Klänge materielle und körperliche Resonanz erzeugen. In seinem Projekt konnten bis in den Herbst 2015 Gehörlose in Workshops Schwingungen und Vibrationen der Musik auf andere Art und Weise erleben. Wo der auditive Sinn blockiert ist, wird der haptische Sinn über die taktile Wahrnehmung eingesetzt, um Schwingungen zu erfühlen, die ein Hörender als Erstes auditiv wahrnimmt. So kann sich über eine ungewöhnliche Konstellation zwischen Klang und Sinnen eine ganz besondere Bewusstseinsform herausbilden. Diese zeigt insbesondere den psychosomatischen Aspekt in der Wahrnehmung der Umgebung auf. Die Wahrnehmung von Musik bringt diesen Aspekt stets mit sich, insbesondere jedoch, wenn Klänge mit Händen erkundet werden. Auf diese Weise materialisiert sich der geistige Prozess bei der Wahrnehmung umso mehr:

„Das innere Hören auf die Dynamik einer musikalischen Struktur ist nicht nur ein Prozess geistiger Imagination. Ein psychosomatischer spielt mit: Die Bewegung der Musik bewegt uns. Sie verändert unmerklich unseren Körpertonus und unsere Haltung, sogar den Atem schon beim bloßen Hören, wir nehmen es nur meist nicht wahr. Lassen wir den Körper mitspielen, singen wir oder dirigieren wir kunstlos den Spannungsverlauf einer Phrase, so erfahren wir meist ziemlich unmissverständlich, was wir wirklich hören und empfinden."[109]

Das innere Hören, ein Prozess, der imaginär abläuft, wird auf diese Weise visuell sichtbar und materialisiert sich in dem Sinne, dass sinnliche Vorgänge offenbar werden. Das kann dabei helfen, die verschiedenen menschlichen Bewusstseinsformen zu erkunden, indem die Sichtbarkeit sinnlicher Vorgänge zeigt, wie sehr ein auditiver Sinn automatisiert benutzt wird, wobei synästhetisches Potenzial womöglich brachliegt.

Dabei können die Sinne den Körper auf vielfältige Weise beeinflussen. Synästhetiker berichten beispielsweise, es sei ihnen heiß und kalt zugleich, es kribbele am ganzen Körper oder in der Stirnmitte, wie bei Daniel Tammet.[110]

Doch die körperliche Empfindung geht noch weiter. Der russische Regisseur Stanislawski stellt eine entscheidende Frage, wie Renate Wieland schreibt: „Wie reagiert der Organismus auf eine bestimmte Vorstellung? Wie verwandelt sie ihn? Dieses Spiel mit dem, wie er es nennt, *magischen Wenn*[111] kann auf ganz andere, nach innen gewendete Weise auch die mimetischen Fähigkeiten im Musiker hervorlocken. Das geistige Hören gewinnt durch das somatische nicht nur an Vitalität, sondern an naturhafter Präzision. Aber der Weg ist lang,

---

109 Wieland, in: Bisanz, 201

110 Tammet, Elf ist freundlich und Fünf ist laut, 26

111 Vgl. folgende Fußnote

er verlangt mit der analytischen Geduld des Aushörens zugleich die Sensibilisierung des gesamten Körpers, bis er ganz Ohr ist, ganz in Resonanz mit dem Gehörten, bis er selbst zum Instrument der Musik wird."[112]

Für diese Art von Wahrnehmung bedeutet das tägliche Leben, Stück für Stück ein Gefäß zu bauen. Darin kann jeder Klang Werkzeug dafür sein, die Puzzlestücke des Lebens zusammenzufügen und sie durch Resonanz mit Leben zu erfüllen.

Höhen, Tiefen und Gleichklang

Dabei sind unterschiedliche Höhen und Tiefen musikalisch genauso erforderlich für ein interessantes Erlebnis wie die Höhen und Tiefen, durch die das Leben führt. Gleichklang ist dabei ein Ankommen, als würde man von einer Kerze im Fenster nach Hause geführt werden. Man könnte auch sagen, Gleichklang ist ein Stück Heilung, nachdem etwas in der Höhe zu Bruch ging und man die Scherben auf dem Boden sitzend wieder zusammenkehren muss. Dabei wirkt Gleichklang wie Kitt, der die Bruchstücke aufs Neue zusammenhält. Hypersensible erleben die Höhen und Tiefen extrem. Wahnzustände scheinen dabei irgendwie alltäglich, und doch ist das auf Dauer nicht gesund.

Eine hypersensible Bewusstseinsform steht praktisch immer am Rande einer amorphen Form, die sich scheinbar abrupt von einem Hoch in ein Tief oder anders herum verwandeln kann. Die hypersensiblen Sinne nehmen ständig etwas wahr und wirken wie eine Art Katapult, das einen plötzlich von einem ins andere Extrem schleudern kann. Deshalb ist Gleichklang so wichtig.

---

112 Konstantin S. Stanislawski: Die Arbeit des Schauspielers an sich selbst, Bd. 1 u. 2, Berlin 1984, passim., zitiert aus: Wieland, in: Bisanz, 201

Der kann erreicht werden, indem die hypersensiblen und die »normalen« Bewusstseinsformen lernen, sich einander anzunähern, damit der hypersensible Wahnzustand abgemildert und der Normalzustand etwas (positiv) verrückter wird. Auf diese Weise können alle lernen, ihr natürliches Potenzial, ihre natürliche Veranlagung zur Resonanz zu erleben und kreativ zu nutzen.

Vielleicht verdeutlicht die Wirkung von unterschiedlichen Resonanztechniken (Kopf- oder Bruststimme), derer sich beispielsweise Tenöre bedienen, wie extrem hypersensible Bewusstseinsformen ausfallen können. Der Countertenor Philippe Jaroussky hat in einem Interview gesagt, die Kopfstimme, mit der Countertenöre hauptsächlich singen, könne einen gewissen Wahnzustand beim Publikum hervorrufen („La voix de tête provoque un certain délire.“).

Das hat einen geschichtlichen Hintergrund. Die historischen Kastraten, die aufgrund eines operativen Eingriffs und anschließendem harten Stimmtraining unnatürlich hohe Tonlagen erreichten, evozierten beim Publikum einen gewissen Wahnzustand, so dass Ohnmachtsanfälle im damaligen Publikum nicht selten waren.

Vor allem Carlo Broschi, genannt Farinelli, der berühmte Kastrat aus dem 18. Jahrhundert, stach dabei in Höhe und Tiefe durch seinen Tonumfang heraus: Seine Stimme umfasste mehr als drei Oktaven. Fiktiven Einblick gewährt der Film *Farinelli* durch eine digitale Klangmanipulation, mit der versucht wurde, Broschis Stimmumfang synthetisch nachzubilden.

Jeder Zuhörer reagiert auf die Fähigkeiten einer Stimme anders. Der eine verschließt sich und verlässt ein Konzert womöglich enttäuscht, der andere öffnet sich und erlebt eine Reihe an synästhetischen Eindrücken, die er vielleicht nicht verstehen kann. Ein weiterer fällt gar in Ohnmacht. Das offenbart die individuellen Bewusstseinszustände, die jedoch durch die Resonanz in einer gewissen

Weise gleich schwingen und alle individuellen Bewusstseinszustände miteinander verbindet. Die Resonanz durchdringt alles und hat eine bestimmte Wirkung, weshalb Klänge immer beeindrucken, sei es nun negativ oder positiv.

So verschmilzt auch der Bewusstseinszustand des Publikums auf Resonanzebene zu einem großen Ganzen. In ihm steckt ein gewisser Zeitgeist, der durch ungewohnte Stimmlagen und unnatürlichen Stimmumfang verändert wird. Synästhetisch ausgedrückt, wird der Bewusstseinszustand des Publikums in seiner amorphen Form über die Ohnmacht hinweg erweitert.

Die neuen ungewohnten Töne werden wie in einem Gefäß aufgenommen und das Gefäß dadurch vergrößert. Durch eine Ohnmacht kann eine Resonanz zunächst im Bewusstsein verweigert werden, das Gefäß geht zunächst kaputt, wird aber durch das Aufwachen aus der Ohnmacht mit einem neuen Blick wieder zusammengesetzt. Dabei ist jeder Klang ein materielles Puzzleteil, das über die Materie hinaus – durch die Resonanz – das Bewusstsein durchdringt und darüber hinaus wirkt.

Dieser kurze Ausflug in die Welt der klassischen Musik soll zeigen, dass hypersensible Bewusstseinsformen diese Art Wahnzustand, den (nicht nur) tonale Reize auslösen, als Normalität erleben. Wenn wir es schaffen, uns alle einander anzunähern, so dass die hypersensible Bewusstseinsform nicht ständig von einem extremen Hoch in ein extremes Tief (und andersherum) katapultiert wird und die normale Bewusstseinsform lernt, diesen evolutiven Prozess als etwas Natürliches anzusehen, können beide Formen voneinander profitieren.

Die hypersensible Form muss dafür anerkennen, dass der Wahnzustand seine Schattenseiten haben kann, und die normale Bewusstseinsform muss erkennen, dass die Mitte zwischen Hoch und Tief, ein Stillstand also, irgendwie unnatürlich ist. Wahnzustand und Stillstand können krankhaft werden, wenn es nicht rechtzeitig erkannt wird. Doch wenn beide Formen sich mitteilen und spiegeln und damit einen Gleichklang anstreben, können sich alle in gesunder und kreativer Form halten. Sie formen dadurch ein größeres Gefäß für ihre Resonanzen, das auch Platz hat für ein paar verrückte Klänge, die womöglich neue synästhetische Bilder hervorrufen oder gar ein wenig ekstatischen Frohsinn in dem Sinne, wie Ludwig van Beethoven es ausgedrückt hat: „Musik ist höhere Offenbarung als alle Weisheit und Philosophie."

Geniale Kompositionen erleben

Diese Offenbarung hängt unmittelbar mit synästhetischer Wahrnehmung zusammen. Aus ihr kann ein Komponist und Künstler schöpfen, wenn er sich über seine Bewusstseinsform im Klaren ist, und wird dann womöglich in der Rezeption seines Werkes sogar als Genie in die Geschichte eingehen, wie es (nicht nur) bei den vielen großen Komponisten der Fall war. Sie alle (und viele andere) haben dabei aus der Tradition geschöpft und dem etwas Neues hinzugefügt: „Überhaupt scheint es keinen unter den großen musikalischen Schöpfern des 20. Jahrhunderts zu geben, der sich nicht irgendwann mit archaischem Volksgut, esoterischen Lehren, pythagoreischen Weisheiten oder fernöstlichen Traditionen auseinandergesetzt hätte."[113]

Dabei ist eine Definition für das Begreifen synästhetischer Wahrnehmung zentral: Esoterik meint von der Wortherkunft her einen inneren Kreis, der uraltes Wissen enthält, das man sich allein durch

113 Hamel, 23

das Bewusstsein erschließen kann. Bildlich gesprochen, wirkt dieses Bewusstsein wie ein Zirkel. Im Prinzip ist diese Erfahrung nichts anderes als eine religiöse. Religion meint nämlich die Rückbindung an das Selbst. Diese innerlichste und intime Erfahrung ist der Kern kreativer Arbeit und eines authentischen Selbst.

Das ist eine Urkraft, die das synästhetische Genie des Zuhörers und Rezipienten wachrufen kann. Die Musik verfügt über diese Kraft, sie ist ihr eingeschrieben: „Wir könnten uns davon anregen lassen; allerdings wäre es dann unsere Aufgabe, diese Kräfte nicht nur magisch wirken zu lassen, sondern bewusst zu erfahren, damit sie uns gegenwärtig werden, zur Verfügung stehen und helfen, ganze Menschen im Sinne einer integralen Gesamtheit zu werden."[114] Diese integrale Gesamtheit erschließt sich durch die syn-ästhetische Wahrnehmung: Der Mensch setzt sich selbst mithilfe seiner verschiedenen Sinne im Bewusstsein neu zusammen, womöglich angeregt durch einen großen Geist der Musikgeschichte.

Das französische Wort *génie* bedeutet schöpferischer Geist. Das steht unmittelbar mit dem Zitat des Musiktheoretikers, Komponisten und Philosophen Theodor W. Adorno in Zusammenhang: „Das Werk an sich gibt es nicht, es kann nur werden."[115] Es kann nur werden und gleichzeitig berühren. Auf welche Weise die Musik unsere verschiedenen Sinne anstimmen und unsere Urkraft wecken kann, das vermag so auszusehen:

„Wenn ein musikalischer Ausdruck, eine Geste, gesättigt von den Materien ihres Orts und seiner Stunde die Maske der Hörgewohnheiten plötzlich durchschlägt, ist es, als wäre die Musik jetzt erst richtig gestimmt. Wo vorher nur Sound war, entsteht mit einem Mal Klang.

---

114 Hamel, 17

115 Adorno: Zu einer Theorie der musikalischen Reproduktion, Nachgelassene Schriften, Abt. I, Bd. 2, S. 237; zitiert aus: Wieland, in: Bisanz, 197f.

Oft ist es fast ein Nichts, eine unwägbare Veränderung der Klangbalance, und entlassen aus allem Nachdruck entspringt der Ausdruck einer Gestalt mit der Frische des ersten Mals. Sein Erscheinen, seine *apparition*, wie Adorno dieses Ereignis nennt, ist nicht wiederholbar. Sie muss sich ändern oder vergehen."[116]

Zeit und Ort als Materie können durch einen musikalischen Ausdruck, der sich bei Sängern in Gesten ausdrückt wie durch einen Tanz der Töne, klingen und nachklingen. Sie färben Ort und Zeit mit einer Atmosphäre, die individuell erlebt wird und nicht wiederholbar ist. In der Erinnerung existiert diese synästhetische Erfahrung jedoch nicht ohne Wirkung, im Gegenteil. Aus dieser Urkraft kann man kreativ und emotional schöpfen. Die synästhetische Erfahrung festigt einen in der materiellen Welt und bietet gleichzeitig fruchtbaren Boden für neue Werke. Dafür muss man natürlich nicht als großes Genie in die Geschichte eingehen, weil man andere beeindrucken will. Das Ziel eines wahren Genies besteht allein darin, sich selbst mit den eigenen kreativen Kompositionen zu bewegen, die erst einmal darin bestehen, sich selbst mit allen Sinnen zu erfahren und sich selbst bewusst zu werden. In dieser Komposition liegt im Grunde die Urkraft synästhetischen Erlebens.

Verdecken Masken unseren authentischen Kern?

Es ist im Medienzeitalter fast schon eine Schwierigkeit, sich für einen solchen Moment freizuräumen, sich wirklich mit dem tiefen Erleben zu verbinden, bei dem verschiedene Sinne synästhetisch wirken können. Deshalb läuft die Echtheit Gefahr, in Disharmonie zu geraten:

---

116 Wieland, in: Bisanz, 198

„Mit der Authentizität in der digitalen Welt verhält es sich wie in der Musik. Echt ist, was harmonisch ist, anders gesagt: was Resonanz herstellt – echt ist, was auf Inspiration basiert. Der Urheber eines Werkes wird immer Urheber dieses Werkes bleiben. Er wird aber auch zum Beeinflussenden seiner Interpreten. Jeder Interpret wird wiederum neuer Urheber. Wodurch ein Geflecht im Werden ist, das immer im Werden ist und sein wird. Dieses Geflecht ist zugleich inspiratives und inspirierendes Werk. Ein Urheberprozess, der Künstler, Interpreten und Beeinflusste in einen Raum versetzt, der aus jeglicher individueller Synästhesie besteht – das ist Echtheit, die jede Form annehmen kann, die Form einer musikalischen Harmonie oder die eines digitalen Abbildes… Die Geschwindigkeit der Rezeption bedroht die Authentizität. Eine musikalische Harmonie stellt der Rezeption einen Zeitrahmen zur Verfügung, der – wenn er ausgekostet wird – Authentizität erlebbar macht. Wo der Zeitrahmen verengt wird, bleibt weniger Raum für das Erleben. Digitale Abbilder verengen den Zeitrahmen, weil immer mehr digitale Oberflächen sich in das Erleben drängen. Wo viele davon rezipiert werden, muss die Rezeption schneller und schneller ablaufen. Das Auskosten der synästhetischen Essenz wird immer weniger, die Position im Urheberprozess immer unklarer und die Echtheit läuft Gefahr, in Disharmonie zu geraten oder gar gänzlich aus der inspirativen Wahrnehmung zu verschwinden."[117]

Renate Wieland spricht von einem merkwürdigen Widerspruch: „Musik ist verfügbar wie nie zuvor in der Geschichte. Zugleich aber scheint sie sich mitten in ihrer medialen Allgegenwart zurückzuziehen, ihr Ausdruck erkaltet mehr und mehr, sie hinterlässt uns ihre Masken auf silbernen Scheiben."[118]

---

117 http://sabrina-wallner.de/echtheit/
118 Wieland, in: Bisanz, 197

Den Masken ist allein die innerliche Hingabe, der leidenschaftliche Funke entgegenzusetzen. Er kann auch eine scheinbar kalte Musik auf silbernen Scheiben zum Glühen bringen, Masken auflösen und dabei Zeit und Raum öffnen. Dazu müssen wir uns bewusst machen, was die Urkraft der Musik in uns auslöst: Das ist etwas Ureigenes, etwas Individuelles, das jeder für sich selbst mit seinen verschiedenen Sinnen erfahren muss. Es ist nicht definierbar. Einzig das Wort Authentizität beschreibt diesen Kern, der in uns allen liegt. Er ist durch die Urkraft der Musik synästhetisch erlebbar, das Bewusstsein lässt sich dahingehend öffnen, wodurch die Masken vom Gesicht bröckeln wie versteinerte, rissige Schminke. Dieses Erleben kann in das tiefste und höchste Innere führen.

Kann Technik die natürliche Triebkraft der Klänge wirklich abtöten?

Auf dieser kurvenreichen Entdeckungsreise voller Berge und Hügelchen ins Innere des Selbst liegen oft Überraschungen bereit. Die ausgiebigsten Überraschungsmomente sind oftmals musikalisch getriggert, und zwar aufgrund ihres klanglichen Trieblebens, wie Renate Wieland es ausdrückt.[119] Live gespielt und erlebt ist Musik stets individuell. Das entspricht den natürlichen Trieben der Klänge: Sie suchen sich immer neue Wege, doch stets mit dem Hintergrund der Authentizität.

In dieser Position kann die Kraft der Musik synästhetisches Erleben hervorrufen. Es ist ein echtes Erleben, weil es das tiefste Innere ans Tageslicht bringt. Das ist mit der bewussten Intuition Hypersen-

119 Wieland, in: Bisanz, 198

sibler vergleichbar. Echtes sinnliches Erleben ist auch bewusstes intuitives Erleben. Darin unterscheiden sich Neurotypische und Hypersensible: Je sensibler, desto kleiner ist das Unbewusste im Erleben, je neurotypischer, desto unbewusster; und das ist nichts Schlechtes, denn das schützt den Neurotypischen vor Reizüberflutung. Carl Gustav Jung schrieb, unsere Psyche wisse das intuitiv (wo sich natürlich die Schlange in den Schwanz beißt).

Nach Jung scheint „die westliche Psyche ein intuitives Wissen zu haben von der Abhängigkeit des Menschen von einer dunklen Macht, die mitwirken muss, wenn alles gutgehen soll. Wenn und wo das Unbewusste nicht mitwirkt, befindet er sich sofort in Verlegenheit, auch in seinen gewöhnlichen Tätigkeiten. Es kann sich dabei handeln um ein Versagen des Gedächtnisses, des koordinierten Handelns, des Interesses oder der Konzentration; und solch ein Versagen kann die Ursache von ernstlichen Unannehmlichkeiten [...] sein. Es kann zu einem beruflichen oder moralischen Zusammenbruch führen. In früheren Zeiten nannten die Menschen die Götter ungnädig, heute nennen wir es eine Neurose.“[120]

Das ist ein Zitat, das einem vergangenen Zeitgeist angehört, in Teilen jedoch immer noch mit unserem übereinstimmt. Eine Neurose können alle entwickeln, insbesondere die Neurountypischen, sozusagen als Schutz vor Reizüberflutung, wenn das Unbewusste klein und das Bewusstsein größer ist. Doch genau das kann im Umkehrschluss eine Neurose wiederum heilen: Das wahrnehmende Bewusstsein. Damit sucht der Neurountypische diejenigen Medien aus, die nur ausgewählte und keine überraschenden Reize durchlassen. Das kann man sich zum Vorbild nehmen, wenn es um die Schwarzmalerei gegenüber technischer Oberflächen geht.

---

120 C. G. Jung, Vorwort zu W. Y. Evans-Wentz: Der Geheime Pfad der Großen Befreiung, Weilheim [3]1972, zitiert aus: Hamel, 20

Die unerhörte Menge an digital verfügbarer Musik kann die Sensibilität Neurotypischer fördern und den Neurountypischen als Reizfilter dienen. Dabei sind Kopfhörer auf den Ohren oft Mittel zum Überleben stark ausgebildeter Sinne. Dementsprechend ist die Haltung in der Rezeption der Musik entscheidend. Man kann die digitalen Oberflächen verdammen oder sie bewusst mit einbinden. Eine digitale Oberfläche muss nicht zwingend die Urkraft in der Musik töten, eigentlich kann sie das gar nicht. Eigentlich kann das nur das ablehnende Bewusstsein. Wer sagt, Technik vernebele unsere Sinne, der weiß deren Vorzüge nicht bewusst zu nutzen.[121] Dabei kann auch Musik von der technischen Oberfläche authentisch erlebt werden, denn es liegt allein an der Einstellung des Zuhörers. Man kann sich also fragen: Bin ich ganz Ohr oder baue ich unbewusst oder nichtwissend eine Mauer um meine Sinneskanäle?

Dieser Sinn soll dem folgenden Zitat hinzugefügt werden. Renate Wieland schreibt, an der Stelle echten musikalischen Erlebens stehe mit der Entwicklung von Technik das technische Kontinuum. Ich sage dazu: Nur, wenn wir es zulassen! Renate Wieland schreibt, „das technische Kontinuum ist garantiert – es funktioniert tadellos und zweifelsfrei –, aber das innere Kontinuum, die Geschichte der musikalischen Charaktere ist zerstückt. Kein Triebleben des Klanges von unendlichen Übergängen samt ihren Hindernissen entsteht dann, sondern eine saubere Präsentation [...]“ von Fragmenten einer emotional geprägten toten Natur.[122]

Sind die menschlichen Sinne wirklich platt, wenn man Musik von der Platte hört? Dem Wert der Musik wird ein neuer Wert hinzugefügt, nämlich der eines Rituals: Das bewusste Auflegen und Ge-

---

121 Vgl. Wallner: Bewusstsein 2.0 – Wie die modernen Medien unser Denken manipulieren, Amerang 2014

122 Wieland, in: Bisanz, 198

nießen eines Mediums. Dementsprechend kann Musik durch ein Medium die Sinne entfachen und Stabilität geben. Wo musikalische Charaktere »zerstückt« sind, spiegeln diese zwar das Innenleben des Zuhörers, doch bietet gerade das Raum für eine kreative Rezeption der Musik und des Selbst. Dies geschieht mithilfe der natürlichen Triebe unserer Sinne. Wie ein Klang natürliche Triebe hat, leben diese Triebe auch in unseren Sinnen – über Resonanz kommen Klänge und sinnliche Triebe zusammen und können auch eine scheinbar tote Natur wieder zum Leben erwecken.

Der reflektierende Mensch erkennt, wenn etwas »zerstückt« ist, denn das Triebleben der Sinne ist stets vorhanden. Die meisten Menschen wissen, welche Resonanz ein Live-Konzert auslösen und mit welcher Hingabe man sich von technischen Oberflächen begleiten lassen kann. Man ist somit emotional in der Lage, sich der Musik zu öffnen, und kann die Unterschiede ihres Wirkens erkennen. Man erfühlt bewusst, den Unterschied zwischen Live-Musik und Musik aus einer digitalen Oberfläche; und man erfühlt bewusst, mit welchen Klängen man in Resonanz geht.

Der aktuelle Zeitgeist kann Abstrakta wie Hingabe oder Liebe deshalb nicht nur erfühlen oder sie rational definieren, sondern sie sind physisch erlebbar, indem die unerhörte Fülle an medialen Inhalten kreativ genossen wird. Diese Fülle findet mit dem Bewusstsein, dass sich verschiedene Bewusstseinsformen gegenseitig stützen können, eine stabile Ausdrucksform. Rezeption muss nicht gleichzeitig bedeuten, sich eine Maske aufzuziehen und die Verbindung zu seinem authentischen Kern zu verlieren.

Dazu muss die Brille der Vorurteile gegenüber äußerer Oberflächen abgenommen werden. Sonst ist die innere Tiefe unerreichbar. Mit der Intuition außergewöhnlicher Bewusstseinsformen können neue Welten erschlossen werden. Wie viele Hochsensible ganz selbstverständlich mit Technik umgehen, in ihr aufgehen und ihre Sinne gerade deshalb nicht abstumpfen, kann das jeder versuchen – gleich mancher Hypersensibler, die Musik zum Überleben ihrer Sinne brauchen.

Es geht beim Musikhören nie darum, dass ein Werk eins zu eins wiedergegeben wird. Das geht einfach nicht und ist auch nicht Teil der natürlichen Funktion der Sinne, denn das hieße ja, man müsste die sinnlichen Triebe in eine vergangene Richtung verbiegen und könnte keinen eigenen authentischen Zeitgeist ausbilden. Deshalb hat natürlich keiner „Mozart, Beethoven, Bach, so wie sie wirklich rufen, nennen, lehren, schon gehört".[123] Das musikalisch-geniale Kraftfeld der Vergangenheit muss man nicht eins zu eins erspüren oder sich gar von einem Charakter führen lassen.[124] Mut zur Lücke ist hier ganz richtig, wodurch ein »zerstücktes« Inneres und Äußeres neu erlebt werden kann.

Mit diesem Bewusstsein ist Musik nicht mehr magisch, nicht mehr mythisch und auch nicht mehr allein mental.[125] Der aktuelle Zeitgeist hat mit den bewussten Triebkräften seiner musikalisch unterstützten Sinne die Möglichkeit, die Synästhesie neu zu positionieren: Sie nämlich in Zeit und Raum zu verankern, indem uralte Traditionen mit technischen Neuerungen verbunden werden und gezeigt wird, dass Bewusstsein durch Technik nicht zwingend eingeschränkt wird, sondern sich darüber hinaus entfalten kann. Technische Medien sind genauso integrierbar im Sinne einer Bewusstseinserweiterung wie es das Buch nach Erfindung der beweglichen Lettern war. Man muss

---

123 Ernst Bloch: Das Prinzip Hoffnung, Frankfurt am Main 1959, 1257, zitiert aus: Wieland, in: Bisanz, 197

124 Zum Begriff des Kraftfeldes und des führenden Charakters: Wieland, in: Bisanz, 199f.

125 Zu den Begriffen des magischen, mythischen und mentalen Musikbewusstseins: Hamel, 21f.

sich nur bewusst sein, welche technischen Oberflächen bewegende Puzzleteile des Selbst werden und was dadurch mit den Sinnen geschieht. Ob man sich damit eine Maske aufsetzt oder ob sie die Triebe positiv entfachen.

Durch den individuellen Zugang zum musikalischen Kraftfeld erschließt man sich die Fähigkeit, nach uralter Manier zu heilen, und schlägt damit den Bogen zum authentischen Kern, der immer in der Tradition liegt. Man spürt, dass man oft ein Zuviel an Technik hat und ist mit diesem fühlenden Bewusstsein in der Lage, etwas Natürliches, ja fast einen dritten Geist, mit in die Wahrnehmung einzubinden. Man kann aus der Musik Resonanz erfahren, so, wie man es gerade benötigt, und aus der Informationsflut das herauslesen, was Sinn macht und kreative Bilder erzeugt. Es ist ein Kraftfeld, das man nicht eins zu eins nachbaut, sondern man verbindet sich damit individuell, mit Lücken, Ecken und Kanten.

So belebt man die scheinbar tote Natur, die Technik mit sich bringt. Man färbt sie mit unseren Emotionen ein, gleich einem Hypersensiblen, bei dem Musik ganz selbstverständlich und bewusst intuitiv Emotionen weckt, die sich durch das Erleben atmosphärisch einfärben und in dem das Triebleben die Sinne stets unterschiedlich zusammenbringt und dadurch unendlich viele neue Wege findet.

So gelangt man zu einem sinnvollen und echten Ganzen, das über Emotionen weit hinausgeht. Es ist ein inneres Kontinuum, das Stück für Stück und musikalisch getriggert das echte Selbst findet und dabei ekstatisches Erleben schenken kann.

Heilungsfeld

Synästhesie ist also nicht allein durch Live-Musik erlebbar. Es muss dafür die menschliche Bedingung im Ganzen stimmig sein. Die menschliche Bedingung legt sich jeder selbst zurecht. Oder er versucht es zumindest. Mit dieser Sichtweise offenbaren auch Zwangsneurosen eine gewisse Ordnung, durch Gegenstände, die einen bestimmten Platz innehaben müssen, damit ein Mensch schöpferisch tätig sein kann. Bei manchen Hypersensiblen sind stark ausgeprägte Ordnungszwänge zu beobachten, die mit einem Fokus auf Details einhergehen können (schwache zentrale Kohärenz). Auch das Hören einer bestimmten Musik kann dabei hilfreich sein, ganz unabhängig davon, ob es sich um eine Aufnahme handelt.

Wer als Hypersensibler jedoch etwas hören muss, das ihm als unerwünschte Maske aufgesetzt wird, wenn der Nachbar einen zum Beispiel ständig mit lauten Tönen aus dem Fernseher beschallt, kann das zu Stress führen und die eigene mentale Ordnung und Konzentration durcheinanderbringen oder offenbaren, dass etwas Grundlegendes nicht stimmt.

Das kann das eigene Triebleben der Klänge zutiefst stören. Hypersensible haben dafür keinen intuitiven Filter, sondern nehmen solche Geräusche sehr bewusst und oft überaus laut wahr. Da können die verschiedenen Grade an Ordnung Anker sein, wie es Katarina und Peter Michel in ihrem Buch *Das Universelle Heilungsfeld* beschreiben:

„Es geht offensichtlich um verschiedene Grade an Ordnung. Die exakt nebeneinander aufgereihten Stifte und Lineale auf dem

Schreibtisch sind […] nicht gemeint. Wohl aber geht es um Ordnung in der Lebensführung."[126]

Ist etwas in der Lebensführung in Unordnung, hilft es einem Hypersensiblen vielleicht, wenn er sich einen Neurotypischen in einer solchen Situation als Spiegel nimmt, um Chaos in Ordnung zu verwandeln. Das ist natürlich individuell und klappt nicht in jeder Situation. Doch mit einem starken Willen und Unterstützung funktioniert es oft mit der Zeit. Dabei geht es in einem tieferen Sinne darum, sich in einen anderen Grad an Ordnung hineinzudenken. Wie emotionale Konflikte nur durch geistige Klarheit lösbar sind, bedarf es auch in der Reizflut dieser geistigen Klarheit. Die erlernt ein Hypersensibler nach und nach. Er erfährt, denkt um und ordnet sich neu. Es ist eine Strukturierung, die nach und nach Heilung bringt. Man baut mit jeder Erfahrung eine Verbindung zu einer heilenden Kraft auf, die in einer Art Feld wohnt, mit dem man sich per Erinnerung wieder verbinden kann, jedesmal auf einem neuen Grad an Ordnung.[127]

Dabei geht es nicht darum, Sinne abzuschalten, sondern sie bewusst in eine Richtung zu lenken. So kann Musik Mittel zur Stabilität für innere Ordnung sein. Die verschiedenen Grade der Ordnung kann sich ein Mensch gleich einer Matroschka um sein Selbst herum aufbauen. Teil davon ist der neurotypische Kontext, in den Details eingeordnet werden (gleich einer starken zentralen Kohärenz). Dazu gehört, dass auch einmal ein paar Details übersprungen werden – das hilft bei unerwünschten Informationen aus dem Fernseher des Nachbars natürlich ungemein. Man kann zunächst wie gewohnt die Art der Informationen in die Art der Nachrichten ordnen und dann dem Nachbar auch die Lautstärke zugestehen (denn offensichtlich hat nicht jeder ein gutes Gehör). Wenn man die Nachrichten so

126 Michel, 29f.
127 Michel, 29f.

immer noch nicht ausblenden kann, setzt man sich dann vielleicht Kopfhörer auf, aus denen stimulierende Klänge kommen. Diese müssen in dem Fall nicht unbedingt überraschen, sondern können als musikalischer Schutzwall für die Sinne dienen.

Vielleicht ist es manchmal gut, das Unbewusste durch eine automatische Handlung zu stimulieren, um ein heilendes Gleichgewicht herzustellen. Vielleicht ist es manchmal gut, eine Handlung zu wiederholen (wie immer dieselbe Musik zu hören), weil das Gehirn dadurch lernt, Muster zu erkennen und vorausschauende Vermutungen anzustellen, als Reizfilter und Schutz vor zu vielen detailreichen Überraschungen.[128]

Andersherum kann auch der Neurotypische von der abweichenden Bewusstseinsform lernen. Mittlerweile werden vielen namhaften Genies unserer Geschichte, wie etwa Isaac Newton oder Albert Einstein, durch die Analyse ihrer Biografien autistische Züge zugeschrieben. Ein Professor für Psychiatrie am Trinity College Dublin namens Michael Fitzgerald kam zu dem Ergebnis, dass auch Nikola Tesla und Gregor Johann Mendel möglicherweise durch diese autistischen Züge ihre Genialität für sich und die Welt erschlossen hätten.[129]

Wenn man sich also das Ziel setzt, gleich autistischer Wahrnehmung mehr und mehr Details zu sehen, und sich von den unendlichen Sinngebungen stimulieren lässt, bilden sich womöglich neue Verbindungen in den Gehirnen, die das Bewusstsein für neue Möglichkeiten öffnen, statt immer in Schubladendenken zu geraten. Mit der Zeit kann das Gehirn auf diese Weise Details mit einem Kontext verbinden, ohne dabei in unauthentisches Schubladendenken zu geraten.

---

128 Daniel Tammet zitiert dazu den Kognitionswissenschaftler Mark Chagizi, Wolkenspringer, 213

129 Tammet, Wolkenspringer, 197

Man kann lernen zu vergessen, genauso wie man lernen kann, sich zu erinnern – Basis muss stets Authentizität sein, um wirklich das geistige Potenzial zu fördern und nicht die Defizite einer Bewusstseinsform. Schubladendenken fördert die Defizite und begrenzt uns, genauso der Vergleich zwischen Mensch und Maschine. Dabei wird das Potenzial ausgelassen, das man durch Erinnerungen wirklich integrieren kann.

Erinnerungen können wie Scherben einer Bewusstseinsform aneinander geklebt werden und so etwas formen, das einen wirklich weiterbringt. Wie es der Dichter Derek Walcott 1992 in seiner Rede bei der Verleihung des Literatur-Nobelpreises ausdrückte, sind Erinnerungen vergleichbar „mit den Scherben einer heiß geliebten Vase, die wir wieder zusammenkleben. Genau dieser Akt, durch den wir die Scherben wieder kitten, so Walcott, helfe uns zu lieben."[130] Dabei sind Informationen nur kleine Teile des Lebens, die auch als Puzzle nicht die gesamte menschliche Bewusstseinsform bilden – das ist ein gewichtiger Unterschied zwischen Mensch und Maschine. Wie Daniel Tammet schreibt, ist eine Information eben kein Selbstzweck für den Menschen, sondern eher Werkzeug zur Reflexion. Und „wie jeder einzelne Mensch ist jeder Datenpunkt am bedeutungsvollsten, wenn er zu etwas beiträgt, das größer ist als er selbst."[131] Diese geistige Haltung ist die Grundlage für ein heilsames Gedankenpuzzle, das aus Erinnerung und Vergessen besteht und aus dem Potenzial Neurotypischer und Neurountypischer.

Das Gleichgewicht, welches eine solche geistige Haltung mit sich bringt, lässt sich mit folgender Frage ganz individuell verstehen: „Muss das Gehirn nur perfekt trainiert werden, um ganz andere ungeheure Erfolge zu erzielen; oder muss der Mensch eine neue geistig-

130 Tammet, Wolkenspringer, 251f.
131 Tammet, Wolkenspringer, 256f.

seelische Mitte finden, um als spirituelles Wesen seine Körperhülle zu vervollkommnen?"[132] Vielleicht liegt im Gleichgewicht zwischen diesen beiden Trainingsformen eine authentische Haltung, die wirkliches Potenzial herausbildet. Eine mentale Ordnung, die am besten mit Gelassenheit geformt wird.

Disharmonie und Unordnung werden dadurch Teil universeller Heilung[133] – und zwar durch Hypersensible und Neurotypische! Verschiedene Bewusstseinsformen können sich gegenseitig unterstützen, deshalb muss „der Schlüssel zur Heilung [...] nicht im Innenleben eines Menschen gesucht werden", sondern kann gemeinsam im Äußeren gefunden werden und dabei manchmal gewohnte und manchmal überraschende Innenräume eröffnen.[134]

Bewusstseinsformen upgraden

Die Verbindungen liegen also in den verschiedenen Bewusstseinsformen. Ein Hypersensibler würde sagen, sie liegen in einem nervlichen Netzwerk. Verbindungen können Kämpfe hervorrufen zwischen innen und außen, die bei manchen Hypersensiblen oft zu Rückzug führen, bei anderen zu Neurosen oder gar zu Drogenkonsum. Grund für alle diese Verhaltensweisen sind die individuellen Gefühle. Wo sie emotionale Disharmonie oder Harmonie herstellen, entstehen die entsprechenden sozialen Kontakte.

Bleibt der Hypersensible hingegen unter seiner Mütze oder der Neurotypische unter seiner Maske, sind Kontakte nicht möglich oder nur sehr oberflächlich und nicht angeknüpft an das universelle

---

132 Michel, 36f.
133 Michel, 30
134 Michel, 36

Heilungsfeld, um es mit dem Begriff von Katarina und Peter Michel auszudrücken.

In bestehenden Kontaktpunkten können Heilungen zwischen verschiedenen Bewusstseinsformen allein in die vertikale Richtung geschehen. Oberflächliche Heilungen bleiben auf der Horizontalen, sind jedoch auch Teil des Erkenntnisprozesses (und der Spiegelung der so menschlichen Egos). Katarina und Peter Michel schreiben über die tiefe Heilung, sie brauche als Grundlage das sogenannte *Höhere Selbst.* Die Matroschka darf also nicht Speck ansetzen und dabei vor allem in die Breite gehen, sondern muss auch geistigen Raum nach oben haben: „Je mehr der Einzelne sich mit diesem höheren Aspekt, seinem eigentlichen Wesenskern, verbindet, desto mehr Segensreiches fließt ihm aus dieser Dimension zu.“[135]

Auch die Molekularbiologie hat diesen wohltuenden, heilsamen Verlauf der sozialen Verknüpfungspunkte entdeckt. Entscheidend sind dabei die entspannte, demütige und freudige Grundhaltung. Diese bestimmt, welche Art von Ordnung unser Gehirn bekommt: „Unsere Emotionen und unser Verhalten prägen unser Gehirn, indem sie das Entstehen von Nervenverbindungen anregen, die entweder alte Muster verstärken oder neue initiieren. Wie eine Straße verbreitert wird, wenn der Verkehr zunimmt, so steigt auch die Zahl der Neuronen, die unser Körper braucht, um die Informationen zu senden, wenn wir einem Thema mehr Gedanken widmen oder eine Handlung häufiger ausführen. […] Daher verstärken die Gedanken, die wir denken – die Qualität unseres Bewusstseins – den Informationsfluss entlang unserer Nervenbahnen.“[136]

Dadurch zeichnen sich Muster im Gehirn ab, die so individuell wie

---

135 Michel, 44

136 Dawson Church: Die neue Medizin des Bewusstseins, Kirchzarten 2013, 24, zitiert aus: Michel, 44f.

bewusst formbar sind. Synästhetisch gesprochen, weiten diese neurologischen Muster einen selbst und die eigenen Matroschkas aus, wie ungleiche Rechtecke mit amorphen Rändern.

Dabei sollte das Hauptaugenmerk auf der Formung der amorphen Ränder durch authentische Handlungen liegen, anstatt sie vor allem zu Schnittstellen zwischen Gehirn und Technik zu machen. Zu authentischen Handlungen kann Technik ganz selbstverständlich dazugehören, doch ist in dem Fall die technische Oberfläche nicht das Ziel der Verknüpfung und nicht der Grund der Freude, sondern die entspannte, demütige und freudige Geisteshaltung.

Auch wenn es Schnittstellen gibt, die den Menschen dazu befähigt, mittels mentaler Befehle eine primitive Form von Telepathie auszuüben und sich so upzugraden, sollte die wirkliche Grundlage des Einsseins mit anderen Menschen Authentizität sein:

„Manche Forscher geraten nahezu in Ekstase angesichts der künftigen Möglichkeiten solcher Schnittstellen zwischen Gehirn und Technik und argumentieren, dass sie den Menschen letztlich befähigen werden, seine eigene Biologie aufzuheben und mit Computern zu verschmelzen. Der britische Roboterkonstrukteur Kevin Warwick gehört zu den bekanntesten Vertretern dieser Haltung; seiner Ansicht nach brauchen wir eine verbesserte Version des Menschen, weil wir ohne ein solches »Upgrade« irgendwann den intelligenten Maschinen unterlegen sein werden.“[137]

Nicht das Ziel, enger mit den Maschinen, sondern mit dem Höheren Selbst zu verschmelzen, wird sensibles Erleben sichern. Allein diese Art von »Upgrade« dient der kreativen Ausformung individueller Bewusstseinsformen.

Der Fokus der Sinne sollte sich dabei stets auf Menschlichkeit und

137 Tammet, Wolkenspringer, 303

Authentizität richten und nicht auf eine ekstatische Haltung angesichts der Möglichkeiten, welche wir zukünftig mit Schnittstellen zwischen Gehirn und Technik haben werden. Deshalb sollten die besonderen Bewusstseinsformen, wie diejenigen von Synästheten und Autisten, ein Beispiel sein.

Gerade viele Autisten gehen ganz selbstverständlich mit Technik um, machen aber kein Aufheben darum, sondern die Mitte ihrer Sinne ist allein die authentische Grundhaltung – und zwar sich selbst und allen anderen gegenüber. Gerade diese besonderen Bewusstseinsformen haben eine sehr spezielle Art, allen neurotypischen Menschen zu zeigen, wo die wahren Grenzen liegen sollten, nämlich allein im Hinblick auf eine unechte Grundhaltung vor einem selbst und dem Gegenüber.

Um ein wahres Upgrade zu erhalten, ist in solchen Situationen allein die »Formatierung« der Situation hilfreich und die Frage: Wie bin ich mir und meinen Mitmenschen gegenüber eingestellt – worin täusche ich mich und worin liegt meine Echtheit? Das ist die formatierte und vor allem menschliche Basis, die offen ist für individuelle Denkweisen und eine wirkliche geistige Begegnung ermöglicht. Eine Basis, die sich dem geistigen Potenzial aller Menschen in adäquater Weise annähert und eine Realität zeichnet, die wirklich wirklich ist – und zwar im Sinne einer leuchtenden Wirkkraft, die manche Gott nennen, andere einen dritten Geist oder auch eine unergründliche übersinnliche Weisheit. Rationale Denker mögen diese Kraft vielleicht lieber mit der elektromagnetischen Energie zusammenbringen, die bei einer Bewusstseinsveränderung wie im Moment eines epileptischen Anfalls ausgelöst wird.

Vielleicht liegt an der Basis eines menschlichen Upgrades eine natürliche synästhetisch entfaltbare Triebkraft, die man bewusst in die Wahrnehmung eindringen lassen kann, verbunden mit dem Streben nach einer Heilung, bei der es in jeder Situation darum geht, liebevoll und demütig auf sich selbst und alle andere individuellen Wahrnehmungsformen zu blicken und damit Stück für Stück die sinnbildenden Fragmente zusammenzusetzen. Dies nicht im Sinne einer Manipulation, sondern im Sinne einer Authentizität, die alle menschlichen Qualitäten und sinnlichen Triebkräfte miteinschließt, wobei sich die verschiedenen Bewusstseinsformen gegenseitig auf authentische Weise stützen können, um das Potenzial eines jeden hervorzubringen.

Manipulatives Verhalten würde ein »Upgrade« unterwandern. Der Unterschied zwischen manipulativem und authentischem Verhalten liegt im Grunde in der Geisteshaltung: Will ich etwas machen oder lasse ich zu? Dabei ist das magische Verhalten, wie es in der New-Age-Bewegung oft proklamiert wird, viel eher der Manipulation zuzuordnen. Der mystische Weg, der tief in die religiöse Antike hineinreicht, richtet sich hingegen aus im Sinne eines „Dein Wille geschehe!“[138]

Mit einer offenen und demütigen Haltung gegenüber der Weisheit, die durch den Menschen wirken kann, kann man seine Augen eventuell ein Stück weit von der Materie lösen und sich „mit der Wirklichkeit feinstofflicher Kräfte befassen. Es gibt so viel mehr, als die berühmte »Philosophie« oder »Schulweisheit« sich träumen lässt! Sowohl für Shakespeare als auch für Goethe war die Wirklichkeit einer »höheren Welt« feste Gewissheit.“[139]

Daran kann man sich mit den synästhetischen Wahrnehmungen annähern, denn die wirkliche Synästhesie ruft diese demütige und offene Geisteshaltung hervor. Sie ist eine Wahrnehmung, die eng mit der Haltung „Dein Wille geschehe!“ verbunden ist.

---

138 Michel, 93
139 Michel, 90

Auf diese Weise lässt sich die Materie neu gestalten im Sinne einer sinnlichen Lebenskunst, welche das sinnliche und auch übersinnliche Potenzial der verschiedenen Bewusstseinsformen erkennt und ihnen ein adäquates Gefäß herstellt für vermeintliche Wunder, wie sie der amerikanische Psychiater Norman Doidge beschreibt: „Auf meinen Reisen habe ich einen Naturwissenschaftler kennen gelernt, der geburtsblinden Menschen das Sehen ermöglicht, und einen anderen, der Taube hören lässt. Ich habe mit Menschen gesprochen, die Jahrzehnte zuvor einen Schlaganfall erlitten hatten und als unheilbar galten und die mithilfe neuroplastischer Methoden wieder vollständig genesen waren. Ich bin Menschen begegnet, die ihre Lernbehinderungen überwunden und ihren Intelligenzquotienten verbessert haben. Ich habe gesehen, wie Achtzigjährige ihr Gedächtnis mit geeigneten Übungen so trainieren können, dass es wieder so leistungsfähig ist wie im Alter von fünfundfünfzig Jahren. Ich habe beobachtet, wie Menschen ihr Gehirn allein mithilfe ihrer Gedanken neu strukturierten, angeblich unheilbare Zwangsvorstellungen ablegten und Traumata überwanden. Und ich habe mit Nobelpreisträgern gesprochen, die über ein neues Modell des Gehirns debattierten, das die neuen Erkenntnisse über dessen Wandelbarkeit mit einbezieht.“[140]

140 Norman Doidge: Neustart im Kopf, Frankfurt 2014, 15, zitiert aus: Michel, 118

Lebenskunst

Was sehe ich vor mir?

Die Vorstellungskraft ist so individuell und eindrucksvoll wie sie im Grunde durch kein Medium ausgedrückt werden kann. Ein Ausdruck des inneren Bildes setzt sich somit immer aus gewissen Fragmenten dessen zusammen. In der Reflexion mit der Umgebung werden die Fragmente ständig neu geordnet und neu beschrieben. Dabei spielt eine Rolle, ob man in Sprache oder in Bildern denkt; und es spielt eine Rolle, wie weit das Bewusstsein dem Moment gegenüber offen ist. Ist das Bewusstsein wie ein Füllhorn, in dem all die Eindrücke und Emotionen Platz finden und dort zu einer neuen Bewusstseinsform zusammengerührt werden, kann es tief in einen Moment eintauchen, oder der Moment in das Bewusstsein, oder beides zugleich.

Alles wahrzunehmen, kann jedoch zu einem Overload oder einer Reizüberflutung führen. Hier können die Eindrücke nicht einzeln voneinander unterschieden werden. Doch mit einem bewussten Fokus, der zwischen Sprache und Bild zu unterscheiden vermag, kann das beispielsweise so aussehen, wie bei Denise Linke:

„Ich denke oft über das Denken nach. Auch wenn man davon einen Knoten im Gehirn bekommt. Lange Zeit dachte ich, alle Menschen würden so denken wie ich. Ich denke nicht in Sprache, ich denke in Bildern und baue mir dann die Sätze zusammen. Wenn jemand das Wort »Schuhe« sagt, dann sehe ich einen Schuh vor mir, aber meistens sogar nicht nur einen, sondern ganz viele Schuhe. Sie flitzen an mir vorbei wie in einem Daumenkino. Selbst wenn ich an einen Satz denke, erscheint vor mir das Bild dieses Satzes. Ich sehe ihn geschrieben. Und das gilt für jeden einzelnen Satz, den ich sage. Alle sind Bilder. Weiße Schrift auf schwarzem Grund." Das allein ist schon bemerkenswert und Teil einer individuellen Wahrnehmung, doch es geht noch weiter: „Wohl jeder denkt einen Satz einen winzigen Augenblick, bevor er ihn sagt. Bei den meisten geschieht das unbewusst, aber ich bemerke es. Ich höre die Sätze, bevor ich sie ausspreche. Ich lese mir die Satz-Bilder in meinem Kopf selber vor. Dabei kann es passieren, dass ich mich an irgendeinem dieser bewusst gedachten Sätze aufhänge, weil etwas an ihm komisch klingt, ein Wort oder auch nur eine Betonung. Ich gerate in einen Loop und denke diesen Satz dann immer wieder."[141]

In einen solchen Loop gerät Denise Linke nur alleine, ein Gesprächspartner zieht sie aus ihrer Endlosschleife. Ohne Gesprächspartner kann „ein Satz aus der Spur springen, in einen Kreis mit dem immer selben Hick-up geraten und dabei [...] auch noch immer lauter werden. Bis alles schreit."[142] Denise Linke reflektiert ihre besondere Bewusstseinsform, wie sie es in ihrem Buch zeigt, wodurch es natürlich möglich ist, solche Erlebnisse zu steuern. Eine Art Selbstkontrolle durch Schrift ist eine unermessliche Hilfe auch für viele andere Hochsensible.

Dazu ist die schriftliche Reflexion gleichzeitig eine Lebenskunst, welche die kreativen Kräfte des Geistes offenbart. Diese können

141 Linke, 159f. (gilt auch für voriges Zitat)
142 Linke, 160

auch scheinbar Unmögliches Realität werden lassen. Im Film *Die Buchstabenprinzessin*, eine Verfilmung des gleichnamigen Romans von Myla Goldberg, verfügt die elfjährige Hauptfigur Eliza Naumann über die Fähigkeit, alle möglichen bekannten und unbekannten Worte zu buchstabieren. Worte, die sie noch nie zuvor gehört, geschweige denn gelesen oder geschrieben hat. Es erscheint dem Zuschauer, als öffne sich Eliza vollkommen dem Erhören und Erleben des Wortes, indem sie die Augen schließt und ihr Bewusstsein von dessen Bedeutung durchdringen lässt; bis sie dann die Essenz des Wortes in Bildern vor sich sieht, die sie in die korrekte Buchstabenabfolge übersetzen kann und die Fähigkeiten ihres Bewusstseins so in etwas Handfestes überträgt. Im Roman heißt es über die hochsensible Wahrnehmungsform Elizas:

„Sie merkt es, wenn ein Wort seine vollkommene Gestalt angenommen hat, wenn BUTAN, SELLERIE und ORANG-UTAN klar und zweifelsfrei vor ihrem inneren Auge erscheinen."[143] Diese Wahrnehmung kristallisiert so weit aus, dass sich sogar die Zeit für Eliza nur noch in Silben misst: „Das Scharren der Stühle, der Hall der Schritte auf der Bühne und das Quietschen des übersteuerten Mikrophons verwandeln sich in Buchstaben, die Welt ist ein leuchtender, vor ihr aufgeschlagener Text." Sie scheint mit der Welt durch die geheimsten Geheimnisse verbunden zu sein.[144]

Diese Verbindung geschieht intuitiv. Durch das Buchstabieren-Üben vergrößert sich diese intuitive Haltung: „Das Üben kommt Eliza vor wie eine Entdeckungsreise in ihren eigenen Körper. Die Wörter hallen dort wider, als seien sie direkt in ihr verankert. In ihrer Phantasie sitzen sie in ihrer Magenschleimhaut, dehnen sich mit ihrer Lunge aus, hocken in ihrer linken Herzkammer. Bloß gut, dass

143 Goldberg, 61

144 Goldberg, 61f. (gilt auch für voriges Zitat)

sie sich noch nie etwas gebrochen hat und man ihr nicht die Mandeln oder den Blinddarm herausoperiert hat, sonst wären womöglich noch Wörter verstümmelt oder gar vollständig entfernt worden, und das hätte ihr inneres Vokabular beschnitten. Ob sie sich die Haare wachsen lassen soll? Das würde vielleicht noch mal ein bisschen Platz schaffen. Wenn sie die Augen schließt, um sich ein Wort vorzustellen, malt sie sich ein Zwiegespräch zwischen Körper und Geist aus, bei dem die verschiedenen Organe all ihre linguistischen Geheimnisse preisgeben."[145] Ihr Geist ist vollständig auf die Vollkommenheit der Sprache ausgerichtet, ihr Verstand besteht aus einem Meer an Vokalen und Konsonanten, darin türmen sich Buchstabenwellen, und wenn sie nach einem bestimmten Wort sucht, wird dieses irgendwann an die Oberfläche geschwemmt: „Dort wirbelt und tanzt es herum, holt neue Buchstaben hoch und wirft alte zurück [...] bis es seine vollkommene Gestalt erreicht hat."[146]

Diese Wahrnehmung der Wörter durchdringt alltägliche Ebenen und übersteigt diese gleichzeitig. Die Wörter erfassen Elizas Bewusstsein und „treffen sie auf einer Wahrnehmungsebene, die schneller ist als das bewusste Denken, und kommen irgendwo zum Klingen, wo es kein Buchstabieren braucht, weil das schon passiert ist, weil die Wörter bereits in ihrem Ohr zerspringen. Sie ist begeistert. Hellauf begeistert."[147]

Im Roman werden auch synästhetische Elemente dieser Wahrnehmung beschrieben. Als Eliza das Wort *Eyrir* (eine isländische Währungseinheit) buchstabieren soll, weiß sie nicht, was dieses Wort bedeutet. Sie hat es nie zuvor gehört, geschweige denn, mit dessen Definition zu tun gehabt. Doch in dem Moment, als sie dessen Laute

145 Goldberg, 67
146 Goldberg, 68
147 Goldberg, 90

zum ersten Mal hört, hat sie einen süßen metallischen Geschmack auf der Zunge.[148]

Diese Fähigkeit zur sinnlichen absoluten Imagination ist ein mystisches Erleben, das von einem der bedeutendsten Kabbalisten namens Abraham Abulafia im 13. Jahrhundert in Zusammenhang mit einer Buchstabentechnik beschrieben wurde. Buchstaben sind in der jüdischen Meditation ein wichtiges Instrument zur Ausrichtung des Geistes: „Die Ursprünge dieser klassischen kabbalistischen Technik reichen bis mindestens zum Erscheinen des *Sefer Jezira* (Buch der Schöpfung) zwischen dem 3. und 6. Jahrhundert u.Z. zurück. In dieser uralten Schrift heißt es, die zweiundzwanzig Buchstaben und zehn Urzahlen stünden für die zweiunddreißig kosmischen Energiewege, die der gesamten Welt zugrunde liegen. Das heißt, jeder hebräische Buchstabe entspricht einer bestimmten Manifestation der ehrfurchtgebietenden treibenden Kraft, die die Schöpfung ins Dasein hob und dafür sorgt, dass sie sich immer weiter entwickelt. So steht zum Beispiel Aleph, der erste Buchstabe, für die Schubkraft, eine nach außen gerichtete Energie; Beth, der zweite Buchstabe, ist ein Zeichen für die passiven, empfangenden Aspekte in jeder Situation und so weiter. Kabbalisten behaupten sogar, das grafische Bild jedes Buchstabens vermittele jeweils eine tiefere Bedeutung. So soll ein Beth zum Beispiel ein Haus darstellen, und ein Lamed ist eine Glyphe für einen Menschen mit erhobenen Armen.“[149]

In der Zusammensetzung der Buchstaben ergeben sich neue Bedeutungen durch Worte und dann wiederum durch Sätze. Den Buchstaben werden durch Sprachgestaltung neue Symbolbilder hinzufügt. In der jüdischen Meditation gilt die Umkehrung dieser Gestaltung als Weg nach innen, als Rückbindung an das eigene Selbst. Abulafia

---

148 Goldberg, 92
149 Hoffman, 123

sah in einer besonderen Defragmentierung von Worten, in der Konzentration auf Buchstaben, eine Meditationstechnik, um mit Gott in Verbindung zu treten. Details von Worten sind für ihn Fragmente der Schöpfung. Abulafia brachte das sogar mit ekstatischen Zuständen in Zusammenhang, Teil der sogenannten *unio mystica*, der Vereinigung des Menschen mit dem jenseitigen Intellekt. Diese scheinbar übersinnliche Vereinigung meint das Wort »mystisch«. Durch das Rezitieren von Gottesnamen oder die Imagination von Buchstaben und menschlichen Formen sollte eine außerordentliche Konzentration für die Herstellung der *unio mystica* erreicht werden.

Doch die *unio mystica* kann nicht beständige Wahrnehmung sein, weil dadurch das Leben in seinen traurigeren Aspekten nicht mehr zu ertragen wäre. Licht und Dunkelheit müssen in gewisser Weise ausgeglichen sein, damit der menschliche Geist im Körper verweilen kann. Auf diese Weise ist das Leben am besten erlebbar. Deshalb filtert das menschliche Bewusstsein das göttliche Licht und die erhabeneren Momente. Erst nach und nach werden Tore zu diesen Momenten geöffnet. Würden diese ständig offen stehen, würde der Mensch mindestens pathologische Verhaltensweisen an den Tag legen, wahnsinnig werden oder sterben.[150] Aldous Huxley, Schriftsteller und Erforscher des menschlichen Potenzials, beschreibt den Filtermechanismus in seinem Buch *Die Pforten der Wahrnehmung* anhand seiner Erfahrungen mit Meskalin, einem pflanzlichen halluzinogen und psychedelisch wirkenden Inhaltsstoff:

„Ich verbrachte mehrere Minuten – oder waren es mehrere Jahrhunderte? – damit, diese Bambusbeine nicht nur anzusehen, sondern sie tatsächlich zu sein. […] Jeder Mensch ist in jedem Augenblick fähig, sich all dessen zu erinnern, was ihm je widerfahren ist, und

150 Hoffman, 148-150

alles wahrzunehmen, was irgendwo im Universum geschieht. Es ist die Aufgabe des Gehirns und des Nervensystems, uns davor zu schützen, von dieser Menge größtenteils unnützen und belanglosen Wissens überwältigt und verwirrt zu werden, und sie erfüllen diese Aufgabe, indem sie den größten Teil der Informationen, die wir in jedem Augenblick aufnehmen oder an die wir uns erinnern würden, ausschließen [...]. Um ein biologisches Überleben zu ermöglichen, muss das größtmögliche Bewusstsein durch den Reduktionsfilter des Gehirns und des Nervensystems hindurchfließen. Was am anderen Ende herauskommt, ist ein spärliches Rinnsal von Bewusstsein, das es uns ermöglicht, auf eben diesem, unserem Planeten am Leben zu bleiben."[151] Meskalin oder LSD sind in der Lage, das Bewusstsein zu erweitern. Sie schalten Stoffe in unserem Nervensystem aus, die im Wachbewusstsein ein gewisses Maß an Aufmerksamkeit aufrechterhalten, wodurch innere und äußere Reize gleich einer Flut über das Bewusstsein hereinbrechen, wodurch alles irgendwie bedeutsam zu werden scheint. Dass in der Folge Wahnsinn entwickelt werden kann, ist kaum verwunderlich, je nach psychischer Stabilität.[152] Deshalb ist ein funktionierender Filter maßgebend, ein Filter, der das Bewusstsein nicht einschränkt, sondern fokussiert und Konzentration ermöglicht.

Dieser Filtermechanismus wird durch die Sprachbildung und durch die Defragmentierung von Worten widergespiegelt. Auf diese Weise ist zu verstehen, dass Sprache – selbstverständlich auf einer viel gesünderen Ebene als Drogen – dazu dient, den Geist zu öffnen, um eine effektivere Konzentration auf die wirklich bedeutsamen

151 Aldous Huxley: *The Doors of Perception and Heaven and Hell*, Harper and Row 1963, 22f.; deutsch: *Die Pforten der Wahrnehmung – Himmel und Hölle*, aus dem Englischen von Herbert E. Herlitschka, München 1970, 19f.; zitiert aus: Hoffman, 152

152 Hoffman, 153

Dinge zu erreichen; und ihn vielleicht auch an mystische Momente heranzuführen.

Am schönsten beschreibt Myla Goldberg diese mystische Vereinigung in ihrem Roman *Die Buchstabenprinzessin* durch die Wahrnehmung der Figur Eliza – »am schönsten« meint hier vor allem wieder »intuitiv«: „Als Erstes höre ich das Wort im Kopf mit der Stimme von demjenigen, der es mir gegeben hat. Dann verändert sich die Stimme, bis es weder nach dem klingt noch nach mir selbst. Und wenn das passiert, dann weiß ich, dass das jetzt die Stimme von dem Wort ist, dass das Wort mit mir redet. Und dann wird alles andere um mich herum still. Auch wenn da noch irgendwelche Geräusche sind, höre ich die gar nicht mehr. Deshalb mache ich die Augen zu, sonst ist es nämlich so komisch, wenn ich irgendwas da draußen sehe und nicht höre. Vor allem mache ich die Augen aber zu, damit ich das Wort sehe. Wenn ich die Stimme von dem Wort allmählich höre, dann legen sich die Buchstaben in meinem Kopf zurecht. Das dauert manchmal eine Weile, aber wenn sie richtig liegen, halten sie still, und daran merke ich, dass es jetzt stimmt. Und dann sage ich einfach, was ich sehe, und fertig."[153]

Auch wenn es sich bei Eliza Naumann um einen fiktiven Charakter handelt, verweist dieses Beispiel trotzdem auf das Potenzial des menschlichen Geistes. Der Mensch sieht bewusst oder unbewusst bildlich vor sich, was ihn bewegt. Diese Bewegungen können zu ungewöhnlichen Vereinigungen führen. Es kann ein Loop entstehen, der irgendwie automatisch auftaucht, wie bei Denise Linke; und es können bewegte und bewegende Bilder bewusst erschaffen werden. Das zeigt, welche Kräfte in jedem Geist schlummern. Die Haltung ist hierbei zentral: Öffne ich meinen Geist den inneren Bildern und

153 Goldberg, 137

setze sie auf kreative Art und Weise in die Realität um oder werte ich meine kreativen Kräfte ab mit einem: „Das bilde ich mir nur ein.“ Damit die kreativen Kräfte wirklich auf gesunde Art und Weise genutzt werden können, braucht jeder Hypersensible materielle Anker, wie die Schrift, und auch jeder Übende gewisse Techniken, um Gesundheit nicht in Krankheit zu verwandeln.

Heilung statt Krankheit

Was ein Mystiker mit Meditationstechniken beschreibt, ist auch in jeder Handlung des Alltags zu finden. In der jüdischen Mystik gibt es ein Konzept, das sich *Tikkun olam* nennt. Rabbi Adin Steinsaltz schreibt in seinem wundervollen Werk *Die dreizehnblättrige Rose*, die Tora gelte für den Weg des Tikkun als Wegweiser; oder vielleicht auch als eine Art Reparaturanleitung, denn es sei die Aufgabe des Menschen, die Welt zu reparieren:

„Innerhalb dieser Hauptrichtung oder Gesamtaufgabe, das Niveau des Universums anzuheben, muss ausnahmslos jede Seele ihren besonderen Weg, ihren eigenen Ort und die auf ihr Dasein bezogenen Dinge finden. Deshalb heißt es, jeder Buchstabe der Tora habe eine ihm entsprechende Seele. Jede Seele ist ein Buchstabe in der vollständigen Tora und hat ihre eigene Rolle zu spielen.“[154]

Das ist eine grundlegende Sichtweise auf das Individuum und auch auf den ureigens wahrgenommenen Sinngehalt: So setzt sich authentische Wertschätzung jedes Menschen zusammen. Es ist ein Geflecht an individuellen Wahrnehmungen, in dem jeder Mensch jeden Buchstaben anders wahrnimmt, und deshalb einen anderen Sinn in ihm sieht.

---

154 Steinsaltz, 66

Dieses sinnhafte Puzzlespiel durch die Buchstaben offenbart die Position zwischen Mensch und Gott: „Selbstverständlich kann die Welt als Ganze als eine göttliche Erscheinung gesehen werden, aber die Welt bleibt immer etwas anderes als Gott, während die Seele des Menschen in ihren Tiefen als ein Teil Gottes betrachtet werden kann."[155]

Nach dieser kabbalistischen Vorstellung ist Gott sozusagen wie eine leuchtende, lichte Flut, die sich einen Behälter sucht. Wo ein Ungleichgewicht zwischen Behälter und Inhalt herrscht, der Behälter zu klein oder zu schwach ist, wird ein neuer gesucht oder muss der alte neu zusammengesetzt werden. Das ist von der Wortbedeutung her der kreativste Akt, nämlich die Schöpfung an sich. Nach dem Konzept Tikkun olam ist es die Aufgabe des Menschen, die Bruchstücke zusammenzusetzen, um für die göttliche Lichtflut einen Behälter bereitzuhalten, der natürlich im Bewusstsein besteht, das sich in alltäglichen Handlungen auf den eigenen Körper und die vielen materiellen „Bruchstücke" überträgt, jene Dinge, mit denen man sich umgibt. Dabei ist natürlich entscheidend, wie das Bewusstsein befüllt wird, ob mit Licht oder eben nicht:

„Tatsächlich hat einzig der Mensch, kraft seiner göttlichen Seele, das Leistungsvermögen und einen Bruchteil des wirklichen Könnens Gottes Selbst. Dieses Leistungsvermögen zeigt sich in der Fähigkeit, die Grenzen eines gegebenen Daseins zu überschreiten, sich frei zu bewegen und andere Wege zu wählen, und so kann der Mensch die höchsten Höhen erreichen oder in die tiefsten Höllen stürzen; alles aufgrund seiner Willens- und Schöpferkraft."[156]

Katarina und Peter Michel zeigen in ihrem Buch *Das Universelle Heilungsfeld* auf, „dass Liebe wie ein kosmischer Lichtstrahl wirkt

155 Steinsaltz, 55
156 Steinsaltz, 55

und unmittelbar [auch] den Empfänger des liebevoll gemeinten Gedankens erreicht. Wenn man diese Erkenntnis umlegt auf Forschungen von Avantgarde-Wissenschaftlern zum Thema »kohärentes Licht«", dann könnte diese Gedankenkette weitergedacht werden mit einem Zitat von McTaggart: „Wenn Gedanken erzeugt werden wie Lichtfrequenzen, dann ist die Heilungsintention wohlgeordnetes Licht."[157] So ist die Füllung unseres Bewusstseins eng mit Heilung verbunden – entsprechend lässt sich das kabbalistische Konzept des *Tikkun olam* verstehen:

„Die Seele des Menschen wirkt durch ihr Werkzeug oder Gefäß, den Leib. Durch und mit ihm denkt, erfasst, fühlt und handelt die Seele; durch ihn und mit seiner Hilfe muss die Seele ihre zweifache Aufgabe in der Wirklichkeit erfüllen. Zum einen muss sie eine bestimmte Aufgabe im Vorgang der Vervollkommnung der äußeren Welt erfüllen, oder zumindest des Teils der Welt, für den sie bestimmt ist. Zum anderen ist es ihre Aufgabe, sich zu erhöhen. Diese Aufgaben sind aber nicht unbedingt voneinander trennbar. Sie werden gleichzeitig erfüllt; denn die körperliche Welt enthält in sich eine höhere Wesenheit. Höhere Kräfte, in denen, wenn auch versteckt und verzerrt, Bestandteile der ursprünglichen göttlichen Gestaltlosigkeit wirken. In ihrem Werk des Tikkun, der Reparatur, ist die Seele mit diesen höheren Kräften vereint."[158]

---

157 Lynne McTaggart, Intention, Kirchzarten 2013, 70, zitiert aus: Michel, 135 (gilt auch für voriges Zitat)

158 Steinsaltz, 65

Wortbrocken und die Notwendigkeit zur Reparatur

Gerade Hypersensible erspüren oft synästhetisch in gewisser Weise die »höheren Kräfte«. Man könnte auch sagen, sie erspüren intuitiv eine Art Notwendigkeit zur Reparatur an einer bestimmten Stelle, beispielsweise wenn etwas in der Familie in Unordnung ist, wie ein fehlender authentischer Umgang miteinander. Dabei kann es vorkommen, dass sie extreme Ordnungszwänge entwickeln, weil sie sich nicht anders ausdrücken können, um auf die innere Unordnung aufmerksam zu machen.

Ein Hochsensibler berichtete über seine Wahrnehmung jener Menschen, die nicht reflektieren und jeden Gedanken sofort ausspucken. Er sieht diese fehlende Reflexion in der Folge bildlich, indem diese Menschen vor der Kloschüssel kniend Wörter kotzen. Das ist bei ihm verbunden mit einem vulgären Gefühl, das mit deren fehlender Reflexion zusammenhängt.

In seiner Vorstellung benötigt ein dem menschlichen Geist würdiges Verhalten Reflexion – und irgendwie ist das wohl auch im Sinne aller, und das nicht erst seit Kant. Wo Reflexion fehlt, wird das echte Gegenüber mit seiner Individualität nicht gesehen und ausgeschlossen. Wo Reflexion fehlt, existiert allein das eigene Ego, das sich von seinen Gedanken trennen will. Diese werden damit, so benannte es der Hochsensible, nicht als Teil des Selbst betrachtet, sondern eher wie Müll behandelt, den man schnell wieder loswerden will, was selbstverständlich zu keinem kreativen Gespräch führt.

Es handelt sich bei dem Bild, in dem unreflektierte Menschen vor der Kloschüssel kniend Wörter kotzen, natürlich um ein befremdliches, mit dem nicht jeder umgehen kann. Manche Hypersensible reagieren auf ähnliche auditive und bildliche vulgäre Wahrnehmungen womöglich, indem sie mit diesem Gefühl in Resonanz gehen und es in einen vulgären Umgang übersetzen. Wenn das nicht in Ordnung gebracht wird, können solche Wahrnehmungen und Handlungsweisen natürlich krankhaft werden. Aber im Grunde liegt an der Basis des hochsensiblen Bewusstseins hier ein ganz intuitives Gefühl der Heilung, nämlich der Unwille, dem Ego der anderen als Mülleimer – oder Kloschüssel – zu dienen.

Allein der authentische Umgang und ein offener Geist für das individuelle Gegenüber kann hier nachhaltig heilen. Wird die Wahrnehmung eines Hochsensiblen abgetan mit einem „Ich bin doch nicht egoistisch!“, „Was Du Dir wieder einbildest!“ oder „Du bist ja verrückt!“, wird eine würdevolle Gemeinschaft in gewisser Weise unterwandert. Man könnte auch sagen, diejenigen Menschen, die in hochsensiblen Wahrnehmungen ihres Gegenübers Wortbrocken kotzen, dringen nicht bis zur Essenz des Wortes vor. Sie spucken die Form der Gedanken unerkannt wieder aus. Zumindest aus der Sicht des Tikkun erscheint es so, als bemühten sie sich nicht, am größeren Ganzen mitzuarbeiten.[159] Aber es unterliegt natürlich dem freien Willen eines jeden, wie er mit sich umgeht, und die Mitmenschen wehren sich dementsprechend auf ihre ganz eigene Art, wenn sie da mit hineingezogen werden. Keiner kann sein Gegenüber zu einer Erkenntnis zwingen, die muss aus jedem selbst kommen.

Dass Hochsensible gerade in solchen wichtigen Situationen mehr als einen Schimmer wahrnehmen, bietet im Grunde die Lösung, was allen Beteiligten zugute kommen könnte, wenn sie die individuellen Empfindungen ernst nehmen.

Wird hingegen das große Ganze unterwandert, empfinden einige Hypersensible starken Missbrauch ihrer Person, der dazu führen

---

159 Zum größeren Ganzen: Steinsaltz, 56

kann, dass sie extrem reagieren. Wenn dabei Stabilität in der sozialen Gemeinschaft fehlt, wenn so etwas fehlt wie „Ich nehme ernst, was Du fühlst und siehst!“, kann das unter Umständen in seltenen Fällen sogar zu Gewaltausbrüchen des Hypersensiblen führen. In den meisten Fällen führt es jedoch zu Rückzug. Der Hypersensible baut sich dann Stabilität aus seinen mentalen Bildern, und das führt womöglich zu immer mehr Abkapselung.

Jedes pathologische Verhalten ist dementsprechend heilbar, wenn das Innere wohlgeordnet wird, indem sozusagen ein wenig Licht ins Dunkel gebracht wird. An extremen äußeren Ordnungszwängen ist ablesbar, dass in der Welt etwas ins richtige Licht gerückt werden muss. Wie es Rabbi Adin Steinsaltz darstellt, ist „das Ringen der Seelen […] auch das Ringen und der Weg der Welt hin zu ihrer Erlösung. Wenn die Seelen zurückkehren und sich mühen, die Welt richtigzustellen und sich zu bewähren, dann erreichen sie auf einer bestimmten Ebene dieses umfassenden Tikkun, dieser Berichtigung, ihre höchste Höhe.“[160]

Neurodiversität statt psychischer Störungen

Nach der kabbalistischen Vorstellung geht es beim Menschsein also um das Zusammenfügen der Bruchstücke, um die Heilung der Welt. Das klingt natürlich für den Alltag etwas hoch gegriffen, doch schon die innere Bewegung reicht aus, um den Prozess der Heilung anzudeuten und damit ein Stück weit zu manifestieren. Jeder Mensch entwickelt im Laufe seines Lebens einen bestimmten Umgang mit sich und seiner Umwelt, der sich in den materiellen Gegenständen,

---

160 Steinsaltz, 68

mit denen man sich umgibt, auskristallisiert. Es ist im Grunde die individuelle Bewusstseinsform, die sich anhand der Art und Weise andeutet, wie ein Mensch seine Umgebung ordnet. Stehen Personen im Vordergrund oder Sachen und wie werden diese behandelt?

Vor allem pathologisches Verhalten kann durch diese Erkenntnis in Richtung Heilung gebracht werden. Bei Ordnungszwängen zeigt es sich ganz deutlich, dass die Materie als Anker oder als Resonanzraum für einen bestimmten Bewusstseinszustand benutzt wird. So könnte auch extremer Ordnungszwang auf diese Art und Weise gelesen werden: Die Materie wird so angeordnet, dass sie zum Bewusstseinszustand passt, dass der Moment ein Teil von Stabilität sein kann und damit Teil der Heilung – um es wieder in das Konzept des Tikkun einzuordnen.

Diese Zusammensetzung als Handlung für Heilung findet sich auch in anderen Religionen. Etymologisch bedeutet *Religion* die Rückbindung des Menschen an den Geist – dabei kommt es darauf an, wie man sich an sein Bewusstsein anbindet: Über die Liebe, die mit Heilung verknüpft ist, oder über deren Negation?

Auch im Buddhismus ist diese positive Bewegung in Richtung Heilung das Ziel des Seins. Buddhaschaft bedeutet: Man hat sich alle positiven Eigenschaften angeeignet und alle negativen vollständig überwunden.[161]

Wenn nun Menschen aufeinandertreffen, der eine hellfühlend mit hochsensibel ausgebildeten Wahrnehmungsorganen, und einer, der noch ein wenig im Dunkel tappt, kann es schwierig sein, Resonanz zu finden. Vor allem in einer lauten und dröhnenden Gesellschaft ist Feinfühligkeit oft ein Hindernis. Manche Momente können von Hypersensiblen kaum ausgehalten werden. In manchen Fällen kann

161 Dalai Lama, 37

Resonanz mit der Umgebung nicht anders als durch Medikamente hergestellt werden, worauf auch der Dalai Lama hinweist: „Manchmal ist das Denken eines Menschen so rege und hochentwickelt, dass er durch sein Denken unglücklich wird. Deshalb kann es in manchen Fällen ratsam sein, mit entsprechenden Medikamenten die Wachheit und Aufgewecktheit des Geistes zu dämpfen, um das Wohlergehen des Menschen zu gewährleisten."[162] Vielleicht finden sich Fragmente dieser Sinnhaftigkeit auch in folgendem Zitat von Peter Allmend: „Du beschreibst durchaus zutreffend die Tragik, wenn ein vollkommenes göttliches Wesen auf eine unerwachte Welt trifft."[163]

Verschiedene Bewusstseinsformen bringen Neurodiversität mit sich. Jedoch ist das Aufeinandertreffen immer mit gewissen Störungen verbunden, die sich in der Psyche festsetzen können. Diese Sichtweise ist wichtig, wenn es um die Wahrnehmung einer Störung als Krankheit geht. Nicht immer muss eine Störung Krankheit oder gar irreversibel sein. Eine psychische Störung ist Teil menschlicher Neurodiversität. Keiner schwingt exakt wie der andere; und das macht die Welt ja so bunt, manchmal fast unerträglich und ab und an auch ekstatisch. Diese Bewusstseinszustände sind Teil von uns allen.

Gerade Autismus wird gemeinhin eher als tiefe oder gar unheilbare psychische Störung und nicht als Bewusstseinsform wahrgenommen. Nicht einmal die weltweit größte Autismus-Organisation namens *Autism Speaks* ist in der Lage, Autismus als Teil einer Person darzustellen und damit einer Heilung oder gar Neurodiversität eine Chance zu geben. Diese Organisation stellt Autismus vielmehr als bösen Störenfried dar, der Unfriede über eine vermeintlich heile Welt zu bringen scheint. In einem Video hört sich das dann so an:

„Ich bin Autismus. Ich bin sichtbar in deinen Kindern, aber wenn

162 Dalai Lama, 59
163 Allmend, 84

ich es schaffe, dann bin ich für dich unsichtbar, bis es zu spät ist. Ich weiß, wo du wohnst. Und weißt du was? Ich lebe auch dort. Ich schwebe überall um dich herum. Ich kenne keine Religion, keine Moral, keine Währung. Ich spreche deine Sprache fließend. Ich arbeite sehr schnell. Ich arbeite schneller als Aids, Krebs und Diabetes zusammen. Falls du glücklich verheiratet bist, sorge ich dafür, dass deine Ehe zerbricht. Dein Geld wird mir in die Hände fallen, und ich werde dich zu meinem eigenen Vorteil ruinieren. Ich schlafe nicht, also sorge ich dafür, dass du es auch nicht tust. Ich werde es für deine Familie unmöglich machen, einen Tempel, eine Geburtstagsparty oder einen Park ohne Kampf, ohne Peinlichkeit, ohne Schmerz zu besuchen. Du kannst mich nicht heilen. Ich bin Autismus. Ich interessiere mich nicht für richtig oder falsch. Ich labe mich an deiner Einsamkeit. Ich werde kämpfen, um dir deine Hoffnung zu nehmen. Ich werde dir deine Kinder und deine Träume rauben. Ich werde dafür sorgen, dass du jeden Morgen nach dem Aufstehen weinst und dich fragst, wer sich um dein Kind kümmert, wenn du stirbst. Und die Wahrheit ist, ich gewinne, und du hast Angst. Und das solltest du auch. Ich bin Autismus. Du hast mich ignoriert. Das war ein Fehler."[164]

Das waren die Worte des Autismus, dargestellt von der weltweit größten Autismus-Organisation namens *Autism Speaks.* Unschön licht- und hoffnungslos dargestellt, und mit einem entsprechenden Gefühl wird auch der Zuschauer zurückgelassen. Geantwortet wird auf diese Worte des Autismus in demselben Video wie folgt:

„Zum Autismus sage ich: Ich bin Vater, Mutter, Opa, Oma, Bruder, Schwester. Wir werden jeden wachen Moment damit verbringen, dich zu schwächen. Wir brauchen keinen Schlaf, weil wir uns nicht

164 Linke, 167f.

ausruhen, bis du es tust. Wir und die Liebe und Stärke unserer Gemeinschaft lassen uns nicht von dir einschüchtern. Autismus, du vergisst, wer wir sind. Du vergisst, mit wem du dich anlegst. Du vergisst den Mut von Müttern und Schwestern, Vätern und Söhnen. Wir sind Katar. Wir sind Großbritannien. Wir sind die Vereinigten Staaten. Wir sind China. Wir sind Argentinien. Wir sind Russland. Wir sind die Europäische Union. Wir sind die Vereinten Nationen. Wir kommen in allen Klimazonen zusammen. Wir rufen alle Gläubigen. Wir sprechen die einzige Sprache, die zählt: Liebe für unsere Kinder. Unsere Fähigkeit zu lieben ist größer als deine Fähigkeit zu überwältigen. Autismus, du bist naiv. Du bist allein. Wir sind eine Gemeinschaft von Kriegern. Wir haben eine Stimme. Du denkst, dass wir unsere Kinder nicht hören, nur weil sie nicht sprechen können? Das ist deine Schwäche, Autismus. Du denkst, dass ich Angst habe, die Mauer, hinter der mein Kind lebt, mit bloßen Händen einzureißen? Du wurdest dieser Gemeinschaft von Eltern und Großeltern, Geschwistern und Freunden und Lehrern und Therapeuten, Ärzten und Wissenschaftlern nicht richtig vorgestellt. Autismus, du solltest besser Angst haben. Als du kamst, um mein Kind zu holen, vergaßt du, dass du auch zu mir kamst. Autismus, hörst du mir zu?“[165]

Autism Speaks greift mit dieser Darstellung gehörig daneben, denn so funktioniert Heilung nicht. Gott weiß, was sich die Herausgeber dieses Videos gedacht haben, mit Bewusstsein hatte das keinesfalls zu tun. Genau deshalb ist es so wichtig, den neurountypischen Menschen zuzuhören. Wie das Magazin für Autisten und ADHSler N#MMER, das Denise Linke herausgibt, in der ersten Ausgabe 2015 titelt: „Jetzt reden wir!“ Und alle anderen sollten möglichst zuhören!

---

165 Linke, 169f.

Vielleicht führt ein offenerer Geist zu einem Erwachen der neurotypischen Menschen, um ihre neurountypischen Mitmenschen als Teil von ihnen zu betrachten, anstatt sie auszugrenzen und abzustempeln oder gar Angst vor ihnen zu haben.

Die Stigmatisierung eines Menschen hat im Grunde Auswirkungen wie schwarze Pädagogik, die bekanntermaßen mit Ängsten spielt und Menschen ausgrenzt. Das hat nichts mit Heilung zu tun, sondern führt zu Krankheit. Deshalb ist wichtig zu erkennen, dass »anders sein« nicht gleichzeitig auch mit Bedrohung einhergeht. Dieser Schritt ist notwendig, um aus starren Denkarten herauszukommen, hin zu einer neuen Bewusstseinsform, die alle Menschen mit ihrer „Vielfalt an neurologischen Spielarten"[166] liebevoll miteinschließt. Vielleicht hilft dabei auch die Überlegung, ob die Gesellschaft wirklich auf Neurodiversität verzichten mag.[167]

In der Folge dieser Sichtweise würde Neurodiversität wichtiger sein als psychische Störungen, weil diese als heilbar gelten würden. Dem liegt ein menschliches authentisches Verhalten zugrunde. Wenn der kleine Savant in jedem Menschen das begreift, ist damit der Grundstein für eine heilsame Zukunft gelegt, in der sich neurodiverse Menschen Auge in Auge begegnen können und in der weniger Betäubungen und Drogen gebraucht werden; denn es hilft nicht, bei neurountypischen Menschen neurotypische Funktionsweisen durch Medikationen anzugleichen und das Licht in ihnen zu dimmen. Vielmehr muss jeder seine Ängste überwinden, indem er den Fokus auf den Menschen richtet und nicht auf dessen vermeintliche Fehler. Jeder Mensch und damit die Neurodiversität, an der wir alle teilhaben, bringt unterschiedliche Schattierungen mit sich. Wenn alle die Schattierungen gemeinsam anschauen und so Licht

166 Linke, 192
167 Linke, 192

ins Dunkel bringen, wird eher weniger Medizin im pharmazeutischen Sinne benötigt, dafür eine liebevolle Haltung füreinander gewonnen.

Lichtblitze und andere Formen

Neurodiversität hat natürlich ihre Vor- und Nachteile. Bewusstseinsformen mit krankhaften Symptomen, wie die Epilepsie, können lebensbedrohliche Ausmaße annehmen (mit Grand-Mal-Anfällen). Hier können Medikamente und eine schulmedizinische Behandlung Leben retten. Doch es gibt auch harmlose Verlaufsformen (mit Petit-Mal-Anfällen). Die Wissenschaft nennt diese beiden Arten von Anfällen »generalisiert«. Ihre Ursache liegt „in einer angeborenen, genetischen Empfindlichkeit des Gehirns".[168] Daneben gibt es auch partielle (fokale) Anfälle ausgehend von „einer einzelnen Hirnregion mit einer bestimmten Schädigung oder Empfindlichkeit – einem epileptischen Herd, der angeboren oder das Ergebnis einer Verletzung sein kann. Die Symptome fokaler Anfälle hängen davon ab, wo der Herd liegt: Manchmal sind sie motorisch (Zucken bestimmter Muskeln), autonom (Übelkeit, Brechreiz, etc.), sensorisch (Anomalien oder Halluzinationen des Sehens, Hörens, Riechens oder anderer Sinnesmodalitäten), psychisch (plötzliche Gefühle der Freude oder Furcht ohne erkennbare Ursache, Déjà-vu- oder Jamais-vu-Erlebnisse, plötzliche, oft ungewöhnliche Gedankengänge). Fokale Anfallstätigkeit kann auf den epileptischen Herd beschränkt bleiben oder auf andere Hirnbereiche übergreifen. Gelegentlich führt sie auch zu generalisierten Krämpfen."[169] Epileptische Anfälle kündigen sich in

168 Sacks, 156
169 Sacks, 156

manchen Fällen durch ein sogenanntes charakteristisches Prodrom oder durch eine Aura an.[170]

Worüber sich die Wissenschaftler noch im Unklaren sind, ist die Frage, wie sich Epilepsie langfristig auf das Gehirn auswirkt. Klar ist, dass ein Anfall ausgelöst wird durch „eine plötzliche, abnorme elektrische Entladung im Gehirn"[171], dass sie dort ungewöhnliche Verbindungen hervorruft und dementsprechend ungewöhnliche Wahrnehmungen.

William Gowers, der jüngere Partner von Hughling Jackson, der auch als Vater der englischen Neurologie bezeichnet wird, schreibt in seinem Buch *Epilepsy and Other Chronic Convulsive Diseases* „über einen Patienten, bei dem die Vorwarnung immer ein blauer Stern war, der gegenüber dem linken Auge erschien und dann näher kam, bis das Bewusstsein verloren ging. Ein anderer Patient sah vor dem linken Auge stets ein Objekt, das er nicht als Licht beschrieb, das aber ständig rotierte. Er schien näher und näher zu kommen, dabei große Kreise zu beschreiben, bis das Bewusstsein verloren ging."[172]

Oliver Sacks, der bekannte Neurologe, der am 30. August 2015 verstarb, berichtet in seinem Buch *Drachen, Doppelgänger und Dämonen* von seiner Patientin Jen W., die mit vier Jahren „»auf der rechten Seite eine rotierende Kugel aus bunten Lichtern gesehen [habe], die in allen Einzelheiten gut zu erkennen gewesen ist«. Die bunte Kugel drehte sich einige Sekunden lang, dann folgte ihr eine graue Wolke auf der rechten Seite, die ihre Sicht dort zwei oder drei Minuten verdunkelte. Diese rotierende Kugel sah sie an der gleichen Stelle vier bis fünf Mal pro Jahr, aber sie nahm an, das sei normal,

170 Sacks, 155
171 Sacks, 155
172 Sacks, 158

jeder sähe das. Als sie sechs oder sieben war, veränderten sich die Anfälle: Auf die bunte Kugel folgten einseitige Kopfschmerzen, häufig von unerträglichen Lichterscheinungen und Geräuschen begleitet. Ihre Eltern gingen mit ihr zum Neurologen, aber EEG und CT-Scans zeigten nichts Ungewöhnliches, woraufhin man davon ausging, dass sie unter Migräne litt. Ab ihrem dreizehnten Lebensjahr wurden die Anfälle länger, häufiger und komplizierter. [...] Von da an lautete die Diagnose »komplizierte Migräne«. Mit fünfzehn hatte Jen einen Grand-Mal-Anfall."[173] Der wurde schließlich von einem Epilepsie-Spezialisten erkannt. Sie bekam von da an Antiepileptika, um weitere Krampfanfälle zu verhindern, doch die rein visuellen Attacken kamen trotzdem. Ausgelöst wurden diese durch extreme Lichtempfindlichkeit, wie „bei hellem Sonnenlicht, flimmernden Schatten oder farbigen Szenen mit viel Bewegung und fluoreszierenden Lichtern".[174] Damit Jen W. nicht in ständigem Dämmerlicht leben musste, wurde sie operiert und „das abnorme Areal in ihrem linken Okzipitallappen entfernt" zunächst mit Erfolg. Doch einige Jahre nach dieser OP „kehrten ihre Symptome zurück, wenn auch weniger schwer".[175]

Der russische Schriftsteller Fjodor Dostojewski hatte eine Schläfenlappen-Epilepsie, die mit außergewöhnlicher Ekstase einherging. Er berichtete von seinen epileptischen Anfällen, sie glichen der Schau Gottes und der Offenbarung einer höheren oder gar höchsten Wahrheit oder Wirklichkeit.[176] Oliver Sacks zitiert ebenfalls Dostojewskis Erfahrungen:

„Dostojewski unterhielt sich mit zwei Freunden über Religion, als

173 Sacks, 158f.
174 Sacks, 159
175 Sacks, 159f. (gilt auch für voriges Zitat)
176 Tammet, Elf ist freundlich und Fünf ist laut, 67f.; Sacks, 179ff

eine Glocke Mitternacht zu läuten begann. Plötzlich rief er aus: »Ja, es gibt einen Gott! Es gibt einen!« Später ging er näher auf sein Erleben ein: »In demselben Augenblick erklangen in der nahegelegenen Kirche die Osterglocken zur Frühmesse, und ich fühlte [...] wie der Himmel gleichsam zu mir herniederstieg und mich verschlang. Ich nahm die Gottheit buchstäblich in mich auf und fühlte mich von ihr durchdrungen. »Ja, es gibt einen Gott!«, rief ich aus, dann verlor ich das Bewusstsein. Ihr gesunden Menschen könnt euch die Seligkeit gar nicht vorstellen, die wir Epileptiker in dem Augenblick vor dem Anfall empfinden [...] Ob diese Seligkeit Sekunden dauert oder Stunden oder Monate, könnte ich nicht sagen, aber glauben Sie mir, nicht für alles Glück, was das Leben bieten kann, möchte ich sie eintauschen.«"[177]

Dostojewski konnte sich an seine Anfälle erinnern und verarbeitete das in seinem schriftlichen Werk, unter anderem in seinem Roman *Der Idiot*:

„»Die Empfindung des Lebens und das Bewusstsein der eigenen Persönlichkeit verzehnfachten sich in diesen Augenblicken, die nur die Dauer eines Blitzes hatten. Verstand und Herz waren von einem ungewöhnlichen Licht durchleuchtet, all seine Aufregungen, all seine Zweifel, all seine Beunruhigungen mit einem Schlag besänftigt, in eine höhere Ruhe voll klarer, harmonischer Freude und Hoffnung, voll Verstand und Einsicht in die letzten Gründe der Dinge aufgelöst.«"[178]

Andere Epileptiker hingegen können sich an ihre Anfälle gar nicht erinnern. Wieder andere sind aufgrund der verschiedenen durchlebten Bewusstseinszustände nach einem Anfall orientierungslos.

---

177 Théophile Alajouanine: „Dostoiewski's epilepsy", in: Brain 86 (2), 209-218, zitiert aus: Sacks, 178f.

178 Sacks, 179

Man kann es sich als Neurotypischer wohl wirklich nur annähernd vorstellen. Eine objektive Beschreibung und Analyse versucht die Wissenschaft, indem sie die Gehirnaktivität während eines Anfalls misst. Es wurde dabei festgestellt, dass bei einem epileptischen Anfall elektromagnetische Energie im Gehirn freigesetzt wird.

In der Antike, zur Zeit des Hippokrates, war die Vorstellung verbreitet, Epilepsie habe einen göttlichen Ursprung. So beschrieb Hippokrates Epilepsie zwar auch als heilige Krankheit, wie es zu der Zeit landläufig verbreitet war, distanzierte sich aber gleichzeitig von dieser Definition. Er schrieb, die Symptome von Epilepsie hätten ebenso natürliche Ursachen wie andere Krankheiten auch.[179]

Als Ursache für diese landläufige Vorstellung dürfen wohl die wahrgenommenen Formen angenommen werden, von denen Epileptiker berichten. Gerade die ekstatischen Anfälle werden von den Betroffenen individuell empfunden „als Epiphanien oder Offenbarungen einer höheren Wirklichkeit".[180] Der Neurologe Hughling Jackson gab diesen »positiven« Symptomen genauso viel Aufmerksamkeit wie den »negativen«. So erkannte er „als Erster »Erinnerungsschübe« und »Traumzustände« in komplexen Anfällen".[181] Zudem stellte er durch seine Arbeit mit Epilepsie-Patienten die These auf, „es hätten sich während der Evolution im menschlichen Nervensystem immer höhere Ebenen entwickelt, die hierarisch organisiert seien, wobei niedrige Zentren von höheren kontrolliert würden. Daher glaubte er, die höheren Zentren könnten die niedrigeren veranlassen, Aktivität »freizusetzen«."[182]

Diese physiologische Ebene ist, um das Bewusstsein auch von der Seite des Geistes mit einzubeziehen, mit dem Glauben als Geisteshal-

179 Sacks, 155
180 Sacks, 181
181 Sacks, 157
182 Sacks, 157

tung verknüpfbar. Jeder glaubt an etwas, und sei es an die objektive Wissenschaft. Jeder glaubt, weil keiner alles überblicken kann. Ein gewisses Vertrauen, um die eigenen Ziele zu verfolgen, ist notwendig. Manchmal ist es auch ein Vertrauen im Sinne von „Dein Wille geschehe!". Das ist Teil einer Geisteshaltung, mit welcher der Mensch seine egoistischen Beweggründe nach Möglichkeit ein kleines Stück weit zurücksteckt, um einen »höheren Plan« zu verwirklichen, den man mit dem Ego nicht überblicken und verwirklichen kann. Man könnte auch sagen, man gliedert sich durch Vertrauen in das große Ganze ein.

Aufgrung abstrakter Erkenntnis erhalten die Neurotypischen Stück für Stück Einblicke in solch ein höheres Bewusstsein, die Neurountypischen hingegen bildhaft, vielleicht auch und unter anderem durch Epilepsie. Beides könnte Teil einer heilenden Bewusstseinserweiterung sein. So berichtet es auch Laura, eine Patientin von Oliver Sacks: „Sie sagt, sie würde eine Million Dollar geben, um von diesen Attacken befreit zu werden – aber sie glaubt auch, dass sie das Tor zu einem Bewusstsein anderer Art sind, zu einer anderen Form von Raum und Zeit, einer anderen Welt, obwohl sie keinen Einfluss auf dieses Tor hat."[183]

Bei jeder Wahrnehmung handelt es sich um eine absolut subjektive. Wenn ein Epileptiker die Stimme Gottes hört, dann ist das ernst zu nehmen. Gleichzeitig darf es auch nicht verherrlicht werden, wie es fanatische Denkweisen in manchen Verirrungen der New-Age-Bewegung begrüßen würden. Es kommt bei solchen auditiven Anfällen immer darauf an, wie der Betroffene handelt. Das hängt vor allem davon ab, wie stabil und authentisch das emotionale Umfeld ist. Wird dem Menschen Glauben geschenkt, ist die Antwort darauf oft authentisches Vertrauen.

183 Sacks, 165

Unter dieser Berücksichtigung und unter Einbezug des Heilungsfeldes nach der kabbalistischen Vorstellung des Tikkun olam könnte man jene Formen, die Epileptiker beschreiben, auch als „eine blitzartige Wahrnehmung des höheren inneren Daseins“[184] sehen, denn, wie Rabbi Adin Steinsaltz beschreibt, „die körperliche Welt enthält in sich eine höhere Wesenheit. Höhere Kräfte, in denen, wenn auch versteckt und verzerrt, Bestandteile der ursprünglichen göttlichen Gestaltlosigkeit wirken.“[185]

Vielleicht schenkt mancher epileptischer Anfall Einblick und beleuchtet für einen kurzen Augenblick eine gewisse Ordnung der Welt, wodurch Sachverhalte plötzlich neu gesehen werden können und die Haltung zur Liebe womöglich eine andere wird. Vielleicht öffnet diese blitzartige Wahrnehmung den Geist für die Heilung und zieht dementsprechend Rückzug von bestimmten Teilen der Welt oder Öffnung hin zu bestimmten Teilen der Welt nach sich.

Damit könnte auch der tiefe Drang verknüpft sein, Dinge erledigen zu müssen. So berichtet Daniel Tammet von seinem Schreibzwang, ausgelöst durch seine Epilepsie.[186] Vielleicht setzt eine solche blitzartige Wahrnehmung in einem ungewöhnlichen Bewusstseinszustand eine Unmenge an kreativer Energie frei, zumindest vermuten das einige Forscher. Neben Dostojewski hat auch Lewis Carroll – der Autor von Alice im Wunderland – seine Erfahrungen aus den Anfällen in sein schriftliches Werk eingearbeitet. Auch Daniel Tammet blieb die Schrift als positiver Quell nach seinen epileptischen Anfällen.[187]

Durch die Schrift können die verschiedenen Bewusstseinszustän-

184 Steinsaltz, 62
185 Steinsaltz, 65
186 Tammet, Elf ist freundlich und Fünf ist laut, 69
187 Tammet, Elf ist freundlich und Fünf ist laut, 67-69

de, der Wechsel zwischen Alltag und Anfall, reflektiert werden. So können epileptisch getriggerte »Lichtblitze« in alltägliche Lichtblicke umgewandelt werden, welche die Realität neu ordnen und nicht nur neue Verbindungen im Gehirn erschaffen, sondern auch neurountypische mit neurotypischen Gehirnen verbinden.

Gestaltgebende Wahrnehmungen

Kreativität gestaltet die Zukunft gleich einer Gnade. Mit dieser Sichtweise kann das Stigma, das neurologischen und psychischen Störungen anhaftet, nach und nach verschwinden. Dabei ist der nachfolgender Ratschlag von Daniel Tammet zentral, denn es herrschen trotz dieser Beobachtung noch einige Missverständnisse vor, die glücklicherweise mehr und mehr durchleuchtet werden, zum Beispiel durch die großartige Arbeit von Denise Linke, Daniel Tammet oder auch Temple Grandin. Doch gerade was Störungen des Gehirns angeht, steckt die Wissenschaft noch in den Kinderschuhen. Zum einen ist die Unzahl an neurologischen Verbindungen nicht annähernd erfassbar; zum anderen bestimmt die Individualität maßgeblich, welche Wahrnehmungen vom Gehirn ausgehen. Hier kann die Wissenschaft nur eine vage Annäherung schaffen, aber gleichzeitig auch Rettungsboot sein. Deshalb ist es so wichtig zu betonen – gleichgültig, ob eine neurologische oder eine psychische Störung vorliegt –, dass es in jedem Falle die Träume sind, welche der Zukunft Gestalt geben:

„Dank der ständigen Fortschritte in Medizin und Technik können heute viele Menschen mit Epilepsie ein anfallsfreies Leben führen. Das Stigma, das Menschen mit der Diagnose Epilepsie (oder Autismus) einst anhaftete, verschwindet allmählich. Dennoch herrschen immer noch viele Missverständnisse vor, wenn es um Störungen geht, die das Gehirn betreffen. Ich empfehle Eltern, bei deren Kindern man eine Epilepsie festgestellt hat, sich selbst so umfassend wie möglich über die Krankheit zu informieren. Vor allem sollten sie ihrem Kind so viel Selbstvertrauen vermitteln, dass es an seinen Träumen festhält, denn sie sind es, die seiner Zukunft Gestalt geben."[188]

Somit ist die Epilepsie nicht nur Krankheit, sondern Teil einer Bewusstseinsform; und wenn in der Wahrnehmung eines Epileptikers ein göttlicher Lichtblitz vorkommt, dann sollte das ernst genommen und nicht als Hirngespinst abgewertet werden.

Oftmals wird ja auch der Begriff der Halluzination mit einem Hirngespinst gleichgesetzt, doch das ist falsch, denn Halluzinationen sind real und nachgewiesenermaßen durch bildgebende Verfahren im Gehirn messbar. Wo eine Wahrnehmung ein Muster im Gehirn hinterlässt, kann diese Wahrnehmung erinnert werden. Das kann auch über neurologische Ursachen hinausgehen. Die Wahrnehmung formt das Bewusstsein und ist nicht allein im Gehirn vorhanden, wie es der Fall der Jen W. zeigt.

Man muss dabei natürlich nicht um jeden Preis an einer Wahrnehmung als einer prophetischen festhalten, aber die stimulierenden können durchaus der Kreativität dienen. Dabei kommt es auf Haltung und Handlungen an und darauf, welche Wahrnehmung in der Realität Gestalt annehmen darf – das bestimmt jeder selbst.

Welche Gestalt eine Wahrnehmung auch hat, zentral dabei ist, dass jede Wahrnehmung Teil des Menschen ist, ob sie nun als göttlich empfunden wird oder nicht, und damit auch zu einer authentischen Haltung gehört. Aus irgendeinem Grund ist jede Wahrnehmung, so, wie sie ist, für den Sensiblen wichtig, und zwar exakt in jener wahrgenommenen Form, wie es der Hirnforscher Gerald Hüther in

188 Tammet, Elf ist freundlich und Fünf ist laut, 69f.

seinem Buch *Die Macht der inneren Bilder* aufzeigt: „Maßgeblich dafür, ob ein Sinneseindruck bewusst wahrgenommen wird, ist [...] nicht der Umstand, wie »wahr« er tatsächlich ist, sondern wie (wichtig) er von einer bestimmten Person in einer bestimmten Situation eingeschätzt wird."[189] Dabei wird die Tiefe der Er-inner-ung nicht davon bestimmt, ob der Sinneseindruck besonders überraschend oder einschneidend ist, sondern davon, wie offen das Gehirn für neue Eingänge ist.[190]

Maßgeblich für die Intensität der Wahrnehmung ist die Öffnung des Geistes, maßgeblich für die Gestalt der Wahrnehmungen ist der Bewusstseinszustand. Der ist zwar klassischerweise in die Kategorien »krank« und »gesund« klassifizierbar. Doch viel wichtiger ist die Tatsache, dass Wahrnehmungen, die aufgrund eines offenen und gestalterischen Geistes tiefgreifend ausfallen, angsteinflößend sein können.

Oliver Sacks beschreibt in seinem Buch *Drachen, Doppelgänger und Dämonen* eine Episode aus seinem Leben, während derer er an Delirium tremens litt und in der Folge angsteinflößende Halluzinationen hatte. Um die Angst in den Griff zu bekommen, bediente er sich der Sprache als Anker. Aufgrund seines Delirium tremens, das bei ihm eintrat, nachdem er aufgrund anhaltender Schlaflosigkeit große Mengen an Chloralhydrat regelmäßig zu sich genommen und dann abgesetzt hatte, sah er, in einem Bistro vor Kaffee und Sandwich sitzend, folgende Bilder:[191]

„Während ich in die Tasse blickte, wurde der Kaffee plötzlich grün, dann lila. Als ich verblüfft aufblickte, sah ich, dass ein Gast, der seine Rechnung an der Kasse bezahlte, einen riesigen, rüsselar-

---

189 Hüther, 23
190 Hüther, 23
191 Sacks, 135-138

tigen Kopf hatte, wie ein Seeelefant. Von Panik ergriffen, warf ich eine Fünfdollarnote auf den Tisch und rannte zu einem Bus, der auf der anderen Straßenseite hielt. Aber alle Fahrgäste im Bus schienen glatte weiße Köpfe zu haben, die aussahen wie Rieseneier, und große, insektenartige Facettenaugen; diese glitzernden Augen bewegten sich plötzlich und ruckartig, wodurch sie noch furchterregender und fremdartiger wirkten. Ich begriff, dass ich halluzinierte oder unter irgendeiner bizarren Wahrnehmungsstörung litt, dass ich dem Geschehen in meinem Gehirn nicht Einhalt gebieten konnte, dass ich es zumindest äußerlich in den Griff bekommen musste und dass ich angesichts der insektenäugigen Monster um mich herum weder in Panik geraten noch schreien, noch in Katatonie verfallen durfte. Am besten sei es, dachte ich, zu schreiben, die Halluzination möglichst klar, in fast klinischer Detailgenauigkeit festzuhalten, um dadurch zum Beobachter, sogar zum Forscher zu werden, statt ein hilfloses Opfer des in mir wütenden Irrsinns zu bleiben. Ich nahm Stift und Notizbuch, die ich immer bei mir habe, und schrieb, als ginge es ums nackte Leben, während mich die Halluzination in immer neuen Wogen überrollte.

Schreiben, Beschreiben war schon immer meine Methode, um komplexe, beängstigende Situationen zu bewältigen – wenn ich sie auch noch nie unter so erschreckenden Umständen angewendet hatte. Aber es funktionierte: Indem ich das halluzinatorische Geschehen in meinem Laborheft festhielt, gelang es mir, einen gewissen Anschein von Kontrolle aufrechtzuerhalten, obwohl die Halluzinationen, sich unaufhörlich verwandelnd, fortdauerten."[192]

192 Sacks, 136f.

Wachsen und ordnen

Damit eine Wahrnehmung in dieser Form gestaltet werden kann, muss etwas da sein, an das sie anknüpfen kann. Aus dem Nichts heraus sieht niemand seine Mitmenschen mit insektenartigen Facettenaugen, es geht dem immer etwas voraus; und auch in einem »normalen« Bewusstseinszustand gibt es Gründe, warum ein Mensch gewisse Bilder assoziiert und ein bestimmtes Bild von seinen Mitmenschen hat.

Ursache dafür sind vielerlei Muster im Gehirn und in den Nervenbahnen, basierend auf spezifischen und ureigenen Verknüpfungen. Diese Muster werden schon im Mutterleib durch unsere Sinne generiert.[193] Das geschieht in der Gestalt von Repräsentanzen.[194] Nicht nur visuell abgeschirmt von der äußeren Welt, werden die Sinne auf eine ganz besonders behütete Art ausgebildet. Nervenzellen können sich so teilen und Fortsätze wachsen ständig neu. Ständig kommt etwas Neues zum bereits Vorhandenen hinzu, und es gestaltet sich durch Wachsen und Ordnen eine Matrix heraus:[195]

„Die jeweils neu gebildeten Zellen werden in das bereits entstandene Gefüge der bisher gebildeten Nervenzellen eingebettet und eingefügt. Das bisher entwickelte Strukturmuster aus Nervenzellen und Fortsätzen wird so zur Matrix, an der sich alle nun noch weiter hinzukommenden Nervenzellen und Fortsätze ausrichten. Hat sich einmal ein Neuralrohr geformt, so kann daraus nur noch ein immer dickeres rohrförmiges Gebilde und schließlich ein Rückenmark werden. Haben sich im vorderen Bereich dieses Rohrs einmal Gruppen von

193 Hüther, 25
194 Hüther, 28
195 Hüther, 25

Nervenzellen zu Ganglien gruppiert, so können daraus nur noch die immer größeren Kerngebiete des sich entwickelnden Gehirns werden. Haben die in Ventrikelnähe dieses Gehirns neu gebildeten Nervenzellen damit begonnen, in die äußeren Bereiche auszuwandern, so können die nachfolgenden Zellen nur noch in die sich dabei nacheinander herausbildenden Schichten der sich formierenden Großhirnrinde einwandern. Das Gleiche gilt für alle von diesen Nervenzellen auswachsenden Fortsätze. Jede neu gebildete Zelle, jeder neu entstehende Fortsatz findet also ein bereits vorhandenes, charakteristisches Strukturmuster vor, das darüber bestimmt, wohin die Zelle wandert oder wohin der Fortsatz weiter auswächst. So organisieren und ordnen sich die Nervenzellen während der frühen Phasen der Hirnentwicklung in bestimmten Gruppen, verbinden sich untereinander auf eine bestimmte Weise mit Fortsätzen und passen ihre innere Organisation immer besser und immer wieder neu an die vorgefundenen und sich ständig in bestimmter Weise verändernden Verhältnisse an."[196]

Nach der Geburt gestaltet sich diese Matrix wieder um, es kommen die visuellen Eindrücke hinzu. Zu den inneren Repräsentanzen ordnen sich neue Erfahrungen. Im Mutterleib gestaltet sich das innere Bild von der Mutter durch Fühlen, Hören und Schmecken: „Tastempfindungen, Geräusche oder der Geschmack (Geruch) des Fruchtwassers werden als charakteristische Impulsmuster über sensorische Nervenbahnen an das Gehirn weitergeleitet."[197] Nach der Geburt wird die innere Repräsentanz zu einem inneren Bild, das sich nach und nach formt, indem das Kind das Gesicht der Mutter intensiv betrachtet und erinnert; und um dieses Gesicht herum gestaltet und ordnet sich all das, was die Mutter sonst noch so zu bieten hat.[198]

---

196 Hüther, 25f.
197 Hüther, 27
198 Hüther, 29

Im Laufe des Erwachsenwerdens gesellen sich zu diesen visuellen Eindrücken, welche die innere Repräsentanz bildlich umgestaltet haben, immer mehr abstrakte Erfahrungen dazu. Es entstehen immer komplexere Reflexionen zwischen Innen- und Außenwelt, die, je nach Funktionsweise und Verwendung der Sinne und entsprechend des Bewusstseinszustandes, das innere Bild gestalten. Maßgeblich sind die vorhandenen Muster und Verknüpfungen, die eine innere Repräsentanz und ein inneres Bild generieren und so in spezifischer Weise das Seelenleben mit dem Körper verbinden. Dadurch sind Erfahrungen und Erinnerungen, verschiedene Bewusstseinszustände und -formen erlebbar.

Geometrische Muster, Puzzles und kaleidoskopartige Bewegungen

Eine „ganz besondere Kategorie des Bewusstseins und des Seelenlebens" ist die Halluzination.[199] In vielen Fällen wird immer noch das Wort Halluzination im Sinne einer Einbildung dazu missbraucht, jemandem seine Wahrnehmung abzusprechen. Dabei erleben viele Menschen Halluzinationen, erkennen sie jedoch nicht als solche oder würden es nicht zugeben, weil immer noch ein Stigma damit verbunden ist; und doch trauen sich immer mehr Menschen, darüber zu sprechen, denn es steht in vielen einzelnen Fällen im Grunde nur die Angst vor einem unbekannten Phänomen, die ein solches Stigma auslöst. Schaut man sich eine Halluzination einmal ohne Angst und ohne Vorbehalte an, könnte das individuell sehr interessant werden. Dabei hilft vielleicht die Sichtweise, dass eine Halluzination nicht

199 Sacks, 14

zwangsläufig mit Krankheit oder Störungen einhergehen muss. Eine Halluzination ist zuerst Bewusstseinsform und gewährt einen tiefen Einblick in das Innerste.

Die harmlosesten Halluzinationen, welche wohl am wenigsten erschreckend wirken, sind diejenigen im Übergang zwischen Wachbewusstsein und Schlaf. Sie werden hypnagoge Halluzinationen oder hypnagoge Visionen genannt.

Francis Galton hat als einer der Ersten eine umfassende systematische Untersuchung zu solchen Visionen im Halbschlaf vorgelegt. Er beschreibt ihre Ausformungen in seinem Buch *Inquiries into Human Faculty*, darunter halluzinatorische Erfahrungen, die ein Reverend namens George Henslow machte.[200] Er berichtet, seine hypnagogen Visionen „waren sehr häufig von großer Schönheit und Strahlkraft. Geschliffenes Glas (weit kunstvoller verarbeitet, als ich meines Wissens jemals gesehen habe), fein ziselierte Gold- und Silberfiligrane; Blumensäulen aus Gold und Silber etc.; meisterhaft ausgeführte Teppichmuster in strahlenden Farben".[201]

Dabei ist auffällig, dass solche Halluzinationen vielleicht gerade aufgrund ihrer »Flüchtigkeit« oder aufgrund eines verschlossenen Geistes oft gar nicht bemerkt werden, wie es auch Francis Galton beschrieb.[202] Wenn die inneren Repräsentanzen schon sehr stark durch die Umwelt umgeschrieben und so in innere Bilder gewandelt wurden, die womöglich schon allgemeingültiger als individuell sind und sogar für alle materiell sichtbar, so kann der Blick auf Greifbares die Visionen überlagern.

Der Fokus auf die materielle Umgebung konzentriert die Blick-

---

200 Sacks, 226f.

201 Francis Galton: *Inquiries into Human Faculty*, London 1883, zitiert aus: Sacks, 228

202 Francis Galton: *Inquiries into Human Faculty*, London 1883, zitiert aus: Sacks, 226f.

richtung in die Horizontale. Ein offener Geist für Halluzinationen hingegen lässt auch die vertikale Richtung dieses Prozesses zu. Diese Richtung ist nie festgeschrieben, sondern wird geprägt durch buchstäblich ver-rückte Bewegungen. Die inneren Repräsentanzen spielen ein bewegliches Spiel in Reflexion mit der Umgebung.

Wenn man es physiologisch betrachtet, so ist die Anordnung dieser Prozesse in beide Richtungen möglich, „denn angesichts der Zweiwegkommunikation auf allen Ebenen des Nervensystems sind die meisten Prozesse sowohl top-down als auch bottom-up".[203] Somit sind diese Prozesse richtungsweisend und bewusstseinsformend. Je nach Repräsentanz und je nach Umgebung formen sich die nervlichen Muster und kreieren so ganz individuelle Bewusstseinsformen. Je nachdem wie die Geisteshaltung mit der persönlichen Erfahrung verbunden ist, geht der Fokus in die Horizontale oder in die Vertikale. Bei einer Loslösung von der persönlichen Erfahrung, wie beim Einschlafen während einer hypnagogen Halluzination, verlaufen die Prozesse sowohl top-down als auch bottom-up, also in die Vertikale.

Dieses Spiel mit richtungsweisenden mentalen Bildern und Handlungen kann unendlich viele schöne und flüchtige Bilder hervorbringen. Manchmal werden sie bemerkt, oft huschen sie unbemerkt vorüber, wie es Galton beschreibt: „Sobald er begann, genauer hinzuschauen, sah er, dass »sich ständig eine kaleidoskopartige Veränderung von Mustern und Formen vollzieht, aber sie sind zu flüchtig und zu kompliziert, als dass ich sie auch nur mit dem geringsten Anspruch auf Wahrhaftigkeit zu Papier bringen könnte. Ich staune über ihre Mannigfaltigkeit [...]. Sie schwinden aus dem Blick und der Erinnerung in dem Augenblick, da ich an irgendeinen Gegenstand zu denken beginne, und es erscheint mir irgendwie merkwürdig, dass

203 Sacks, 236

sie häufig so offenkundig zugegen sind und doch meist übersehen werden."[204]

Die Fähigkeit, diese Art von Halluzinationen wahrzunehmen, ist wohl weniger als krankhaft einzustufen. Die Bedingungen dafür sind, nach Galton, ein passiver Gemütszustand, geschlossene Augen und sehr unmittelbar bevorstehender Schlaf.[205] Es ist im Grunde genau die Geisteshaltung, mit der man am besten einschlafen kann, nämlich ohne Gedankenkarussell. Es ist darüber hinaus ein offener Geist, der keine bestimmten neurologischen Verknüpfungen bewusst betätigt. Es ist einer, der nicht ständig in die horizontale Kausalität hineindenkt, sondern sich gewissermaßen im Leerlauf befindet. In einem solchen Bewusstseinszustand, der in dem Moment ohne persönliche Bindung ist, können sich hypnagoge Halluzinationen durch die neuronalen Verschaltungen als unendlich kreative und vielfältige Muster präsentieren.[206]

Daneben gibt es jedoch auch krankhafte Störungen, das soll nicht unerwähnt bleiben, wie die Migräne, die bekanntermaßen mit starker Übelkeit und Kopfschmerz einhergehen kann (aber nicht muss). Migräne-Patienten sehen manchmal ähnlich komplexe Muster wie Menschen mit Halluzinationen. Oliver Sacks bringt diese Muster zusammen mit den mustergenerierenden Funktionen im Gehirn. Aufgrund dieser These erhielt er einen Brief von einem Australier namens Robert Utter. Utter erlebte solche Muster in hypnagogen Halluzinationen, und auch er beschreibt diese Bilder als mentalen Zustand ohne persönliche Bindung: „Gewöhnlich geschieht es, wenn mein Kopf abends das Kissen berührt; ich schließe meine Augen

---

204 Francis Galton: *Inquiries into Human Faculty*, London 1883, zitiert aus: Sacks, 227

205 Sacks, 228

206 Sacks, 234f.

und […] sehe diese Bilderwelt. Eigentlich nicht Bilder, in der Regel handelt es sich eher um Muster oder Texturen: repetitive Formen, Schatten von Formen, Bildausschnitte, etwa Grasbüschel aus einer Landschaft, Holzmaserungen, kleine Wellen oder Regentropfen […] die sich radikal und in großem Tempo verändern. […] Sie scheinen nicht in meinen Augen stattzufinden, sondern in irgendeiner Raumdimension vor mir. Die Stärke dieser Vorstellungsbilder reicht von kaum wahrnehmbar bis zu lebhaften, traumähnlichen Bildern. Doch anders als in Träumen gibt es absolut keine emotionalen Obertöne. Obwohl sie faszinierend sind, empfinde ich keine innere Anteilnahme […].“[207]

Diese Loslösung der persönlichen Bindung lässt das Gehirn also andere Muster generieren und das Bewusstsein in andere Welten eintauchen. Die hypnagoge Halluzination selbst braucht an sich keine Mitteilung. Sie ist einfach (oder komplex), wie sie ist, ohne emotionale Komponente. Doch oft regt sich aufgrund mentaler Bilder das Gefühl, sich auszudrücken zu müssen. Der Impuls zum Ausdruck regt Mitteilung an, verbal, bildlich, tonal oder durch Mischformen davon.

So verbindet sich der innere Reichtum mit unserer Kultur. Es stellt sich dabei die Frage, warum es Symbole gibt oder Urbilder, die kulturübergreifend verstanden werden. Dabei spielen nicht allein die materiellen Erfahrungen eine Rolle, sondern auch, oder vor allem, die mentalen Bilderwelten. So bringt Oliver Sacks die Fähigkeit zu halluzinatorischen Erfahrungen mit dem Ursprung der Kunst, der Folklore und auch der Religion in Zusammenhang: „Sind die geometrischen Muster, die man bei Migräne und anderen Störungen sieht, die Urbilder der Motive in der Kunst der Aborigines? Entstand

207 Sacks, 225f.

aus liliputanischen Halluzinationen (die nicht selten sind) die Sagenwelt der Elfen, Kobolde, Trolle und Feen? Sind die schrecklichen Halluzinationen der Albträume, in denen uns ein grausiges Wesen heimsucht und die Luft abschnürt, an der Entstehung unserer Vorstellungen von Dämonen, Hexen oder bösartigen Außerirdischen beteiligt? Sind »ekstatische« epileptische Anfälle, wie sie Dostojewski hatte, mitverantwortlich für unser religiöses Empfinden des Göttlichen? [...] Warum hat jede uns bekannte Kultur nach halluzinogenen Wirkstoffen gesucht und sie gefunden, um sie zuerst und vor allem zu sakralen Zwecken zu verwenden?“[208]

Das menschliche Bewusstsein hat die Fähigkeit, abstrakte Gefühle, wie etwa Angst, in Bilder zu übersetzen. Das macht es – je nach Bewusstseinszustand und körperlicher Verfassung – wie durch Halluzinationen oder auch (noch häufiger) durch Träume. Gemeinsam ist vielen Kategorien des Bewusstseins die puzzleartige Beschaffenheit der wahrgenommenen Formen – oftmals mit geometrischen Mustern oder bestimmten formgebenden Richtungen, von oben nach unten oder von unten nach oben.

Beispielhaft für eine intensiv erlebte Richtung ist die Wahrnehmung, beim Einschlafen irgendwo herunterzufallen, wie aus dem Bett heraus, und man wacht auf, kurz bevor man auf dem Boden aufschlägt. Oder man tritt auf eine Stufe und bemerkt beim Auftreten, indem man aufwacht, dass gar keine Stufe da ist, sondern man unter der Bettdecke ins Leere tritt. Diese sehr intensive und konkrete Wahrnehmung unterscheidet sich von den filigranen Mustern und der Flüchtigkeit hypnagoger Halluzinationen. Konkreter in dieser Form der Halluzination sind akustisch wahrgenommene Laute, Töne oder Klänge. Manche hören das Klingeln des Telefons, andere

208 Sacks, 12f.

hören einen Hund bellen, wieder andere hören konkrete Stimmen, die vollständige Sätze formulieren.[209] Das geschieht in manchen Fällen auch in Fremdsprachen. In hypnagogen Halluzinationen, wie auch in Träumen, kann man Sprachen sprechen, die man im Wachzustand vielleicht nicht unbedingt fließend beherrscht. So können Sätze einzeln auftauchen oder in ganzen Gesprächen, an die man sich im Wachzustand manchmal gar nicht mehr im Einzelnen erinnern kann. Oft jedoch sind Stimmen in einer hypnagogen Halluzination so klar, dass man sich nachher gut erinnern kann, vielleicht auch, weil der Weg vom Halbschlaf in den Wachzustand nicht so weit ist wie vom Traum in den Wachzustand. Ähnlich können auch die geometrischen Muster filigran ausgearbeitet sein oder, wie in Träumen, episodenhaft, kontinuierlich, zusammenhängend, mit Erzählstruktur, thematisch und figürlich.[210] Durch diese Puzzleteile und die intensive oder flüchtige Erinnerung können existierende, aber vielleicht fremde Muster und neue Teilbereiche des Bewusstseins erfasst werden. Man kann in Unverständnis verharren oder die Halluzinationen und Träume anschauen und neue Bereiche kennenlernen. Ob man sich das bewusst anschaut oder nicht, es gibt diese Teilbereiche des Bewusstseins, so etwas wie das Unbewusste, das diese Bewegungen erfährt. Bei manchen Hypersensiblen, unter anderem bei Autisten, gibt es das Unbewusste in der Form nicht. Da ist das Unbewusste bewusst. Das kann mindestens ansatzweise als Vorbild dienen; und dafür sind Halluzinationen und Träume eine praktikable Oberfläche, die es erlaubt, in die Seelentiefe zu tauchen.

Unter anderem werden auf diese Weise, vor allem in Träumen, Ängste verarbeitet. Wenn man sich diese Bewegungen und Formen

209 Sacks, 229f.
210 Sacks, 235

bewusst anschaut, sie ins Bewusstsein holt, sind viele Situationen leichter zu verstehen. Auch die kunstvolle Symbolik rückt einem dadurch näher. So ist der Teufel nicht mehr eine angsteinflößende Macht von außen, sondern ein ganz menschlicher Abgrund, der in allen steckt; und der Teufel, der in der Kunst Symbolbild des Bösen ist, kann als Teil des inneren Ausdrucks wahrgenommen werden. Der Drang zum Ausdruck treibt die meisten Menschen jeden Tag an, sich mitzuteilen. Vielleicht, weil man vor etwas Fremdem Angst hat, etwas Fremdes nicht versteht, oder beides.

Ist es also vielleicht ein Unverständnis, das die Angst vor etwas Fremdem anregt? Das einen dazu treibt, sich auszudrücken, um dadurch verstehen zu lernen, wer man ist? Ist es das, was allen gemeinsam ist? Wodurch man das Gefühl bekommt, wenn man sich miteinander austauscht? Kann man die vertikale Bewegung (nach oben) nachvollziehen? Kann man so lernen, das Gefüge der Welt zu verstehen, seinen Platz darin finden und damit die Rückbindung an einen selbst, gleich der Bewegungen der Fragmente in einem Kaleidoskop?

Symbolbildung

Das Verstehen entspricht ebenso dem geisteswissenschaftlichen hermeneutischen Zirkel (einer mentalen Spiralbewegung nach oben), in dem es darum geht, Texte und Bilder zu verstehen, zu interpretieren und auszulegen; und es entspricht auch dem Symbolbild der sich aufrichtenden Schlange. In der altägyptischen Ikonografie wurden Pharaonen mit einer Schlange am Kopf dargestellt, der sogenannten Uräus-Schlange. Symbolisieren soll die Kraft der Schlange den Schutz der königlichen Oberhäupter. Auch in der griechischen Mythologie existiert die Schlange als Symbol, in diesem Fall als Symbol der Weisheit und Heilung. Im sogenannten Äskulapstab symbolisiert die sich nach oben um einen Stab windende Schlange Heilkraft. Sie ist auch pharmazeutisches Symbol. Äskulap, Sohn des Apollon (Gott des Lichtes und der Heilung), ist in der griechischen Mythologie der Gott der Heilkunde.

Eine weitere Form der Schlangensymbolik ist der Ouroboros, eine Schlange, die sich in den Schwanz beißt und somit ewiges Wissen symbolisiert. Dahin kommt der Mensch, symbolisch gesprochen, wenn er sich geistig aufrichtet und sich neuen Erkenntnissen öffnet. Nur so kann er lernen, sich selbst zu erkennen. Doch das geschieht nicht allein durch objektive Beweise, wie in der Wissenschaft, sondern auch durch individuelle Wahrnehmungen, die in der Kultur als Symbole auskristallisieren.

Die Kraft des Wissens und der Weisheit, die im Laufe des Lebens eine sehr menschliche Eigenschaft wird, findet sich auch im Tantrismus. Das ist eine alte Tradition, welche die Lebenskraft des Menschen als Schlange darstellt. Im Tantrismus heißt die Schlangenkraft Kundalini. Eine Tradition, die in der abendländischen Wissenschaft mehr als umstritten ist. Da ist man allzu oft bereit, ein andere intensive und detailreiche bildhafte Wahrnehmung als „eine an die Psychose grenzende […] Integrationskrise einer sensitiven Persönlichkeit zu lesen“.[211]

Carl Friedrich von Weizsäcker schreibt in seinem Buch *Yoga und die Evolution des Bewusstseins* über die Kraft der Kundalini und bringt damit zwei Sichtweisen in einer ungewöhnlichen Kombination zusammen. Er zitiert in diesem Buch Gopi Krishna, der in seinen

211 Weizsäcker, 29f.

Berichten ausführlich über seine hochsensitiven Wahrnehmungen bei der Ausübung des Yoga schreibt.

Das Wort *kundal* stammt aus dem Sanskrit und bedeutet übersetzt »zusammengerollt«. Laut der Tradition bezieht sich dieser Ursprung auf das Bild einer ätherischen Kraft, die zusammengerollt am Ende der Wirbelsäule liege. Die Wirbelsäule bildet auf physiologischer Ebene zusammen mit dem Gehirn das zentrale Nervensystem. Das wird laut dieser Tradition zuerst von Prana gespeist, der eigentlichen Essenz des Lebens. Kundalini ist als evolutive Potenz zu verstehen: „Sie hängt aufs Engste mit der sexuellen Potenz zusammen. Dies ist schon in der Lage der »Schlange« in nächster Nachbarschaft der Geschlechtsorgane angedeutet. Diese Entwicklungskraft wirkt in wenigstens zwei getrennten Stufen."[212] Sie wirkt körperlich und geistig, verknüpft durch Nervenbahnen.

Es gibt bei dieser evolutiven Potenz keine Konzentration allein auf die stoffliche Materie: „Durch das Erwachen der Kundalini beginnt eine erstaunliche Aktivität im gesamten Nervensystem, vom Scheitel des Kopfes bis zu den Zehenspitzen. [...] Bei Menschen, deren Nervensystem, als Ergebnis günstiger Erbanlagen, schon höher entwickelt ist, kann das Erwachen der Kundalini ganz plötzlich auftreten [...]. Sobald ein Erwachen stattfindet, erfährt der normale biologische Rhythmus des Körpers unmittelbar eine drastische Veränderung [...]. In chinesischen Schriften wird dieses Phänomen als »Kreislauf des Lichtes« beschrieben und in den indischen Handbüchern als das »Aufsteigen der Shakti«, der Lebensenergie. Nerven in allen Körperteilen, deren Existenz vom normalen Bewusstsein niemals empfunden wird, werden jetzt [...] [aktiviert]. Sie beginnen durch alle ihre zahlreichen Endungen einen dem Nektar gleichen Ex-

212 Weizsäcker, 34f.

trakt aus den umliegenden Geweben herauszuziehen. Dieser strömt in zweierlei klar erkennbaren Formen als Strahlung oder als feinstoffliche Essenz in der Wirbelsäule."[213]

In dieser Weise könnte die Symbolbildung Produkt bestimmter Bewusstseinszustände sein. Das Symbol trägt dabei im Kern die Bedeutung einer Kraft, die alle Lebewesen verbindet. Es ist jedoch nicht allein die Lebenskraft, die allen Menschen innewohnt, sondern auch die Fähigkeit zur Symbolbildung. Innere Bilder, die stets mit Lebenskraft gefüttert werden – dieser Vorgang ist Teil der Bewusstwerdung seit Menschengedenken. Dabei können solche Bilder zusammen mit fantastisch Märchenhaftem, das ein Symbol wie die Schlange immer auch umrankt, vor allem unterstützt durch Musik, Theta-Wellen im Gehirn auslösen, die besonders bei schamanistischen Erfahrungen zum Tragen kommen. Diese erweiterten Bewusstseinszustände wurden immer schon zur Bewusstwerdung genutzt, das geht zurück bis zum Ursprung der Höhlenmalerei, die solche Urbilder überliefert.

Geistige Stimulation

Die kreative Lebenskraft wird oftmals unter den Scheffel gestellt, und zwar dort, wo manipuliert wird. Wir leben in einer pornografischen Mediengesellschaft, in der Musik durch Videos verkauft wird, in denen nackte Haut und anstößige Bewegungen zur Schau gestellt werden, andeutungsweise oder offensichtlich. Auch manch lebensmitteltechnisches Konsumprodukt wird durch *sex sells* angepriesen, Coke light zum Beispiel. Der sexuelle Trieb wird dadurch

213 Weizsäcker, 106-108

zu einem immer stärkeren Antrieb, der nicht mehr gestillt werden kann, denn so kann die authentische Kraft, das Prana, nicht zum Ausdruck und die Kundalini nicht zum Strömen gebracht werden, wie es Gopi Krishna vielleicht ausgedrückt hätte.[214] Stattdessen wird unterschiedlichstes Suchtverhalten entwickelt.

Zum Glück gibt es auch ein sehr großes Angebot an authentischen Medieninhalten. Womit wir von außen her beschrieben werden, sind Informationen, und zwar nachhaltig aus den Medien. Anders gesagt, unser Nervensystem wird durch Informationen aus den Medien codiert. Weizsäcker setzt diese Codierung durch Informationen in Zusammenhang mit Prana.[215] Dieses Wort kommt aus dem Alt-Indischen und bedeutet übersetzt Lebenshauch, man könnte es auch mit Inspiration übersetzen. Prana gilt auch als „räumlich ausgedehnte belebende, also zunächst einmal bewegende Potenz".[216]

Auch Informationen bergen Potenzial in sich. Sie sind eine Möglichkeit zur nährenden Inspiration, je nachdem wie sie genutzt werden. Diese Ebene ist gleichzusetzen mit der Ansicht, dass Prana aus Nahrung entsteht, wie es der indische Yogi Gopi Krishna ausdrückte; und zwar nicht allein aus (wohl dosierter)[217] physischer Nahrung, sondern zunächst aus der geistigen: „Zugleich erscheint Prana aber als eine der Seele zugehörige Substanz; nach Gopi Krishnas eigener Darstellung wird Prana zur Nahrung des sich entwickelnden menschlichen Bewusstseins."[218]

Es sind Erfahrungen, die beleben. Erfahrungen speisen sich aus denjenigen Informationen, die unser Nervensystem codieren. Wo der Fokus allein auf Geschlechtsteilen und körperlicher Befriedigung

214 Weizsäcker, 45
215 Weizsäcker, 41
216 Weizsäcker, 57
217 Weizsäcker, 40
218 Weizsäcker, 33

liegt, kann das subtile Wesen einer Information nicht erfasst werden. Erst an dieser Stelle des subtilen Wesens findet eine Verknüpfung zwischen Mensch und Information statt, die etwas Kreatives hervorbringen kann, und das ist Leidenschaft, die nicht (allein) ihre Befriedigung auf körperlicher Ebene sucht, sondern in erster Linie ihre Stimulation auf geistiger Ebene.

Ich denke, also bin ich

Hat man den medialen Overload überwunden, geschieht die geistige Stimulation gleich einer Gnade. Deren Grundstruktur kann man am besten intuitiv herstellen. Teil davon ist die natürliche Bewusstwerdung des Menschen, die größtenteils unbewusst geschieht, teils aber auch bewusst, wie durch Yoga: „So wie wir normalerweise, außer etwa in Gestalt von Kopfschmerzen, nicht an unser Gehirn denken, sondern an das Gedachte, nicht das Auge sehen, sondern das Gesehene, so nimmt auch die Kreativität gewöhnlich ihr Organ nicht wahr. Das Eigentümliche seiner Erfahrung und der ganzen Yoga-Schule, auf die ihn diese Erfahrung verwiesen hat, ist die somatische Selbstwahrnehmung eines Bewusstwerdevorgangs.“[219] Beim Nachdenken über das Denken scheint sich die Schlange immer wieder in den Schwanz zu beißen. Vielleicht symbolisiert dieses Zeichen am besten den Vorgang, der bei einem solchen kreativen Schaffensprozess abläuft.

Wie diese Stimulation geschieht, darüber sann auch René Descartes nach. Es ist keine rein geistige Angelegenheit, denn ihr Produkt ist ja im Gehirn nachweisbar; und sie ist auch keine rein neurologi-

---

219 Weizsäcker, 45

sche Sache, denn sonst könnte keiner über so etwas wie den Geist oder abstrakte Gefühle wie die Liebe nachsinnen. Es ist hier stets etwas Drittes beteiligt, das sich wohl nur ansatzweise erklären lässt, jedoch aus der Wechselwirkung zweier »Substanzen« hervorgeht. Vielleicht steckt genau diese Wechselwirkung in Descartes berühmtestem Dictum *cogito ergo sum* (Ich denke, also bin ich.)

Descartes stellte sich vor, „dass die Epiphyse (Zirbeldrüse im Gehirn) der Ort sei, an dem die Wechselwirkung der zwei Substanzen stattfindet".[220] Doch geht es laut Gopi Krishna weit über die Epiphyse hinaus: „Obgleich ein guter Teil des inneren Mechanismus des menschlichen Körpers durch die lobenswerten Bemühungen westlicher Gelehrter bekannt wurde, ist er doch noch ein unergründliches Geheimnis, selbst für die gebildetsten Gelehrten unserer Zeit. Besonders der Bereich des Denkens ist noch am wenigsten von allen Gebieten erforscht. Das Geheimnis ist so tief und die Gelehrten sind so wenig für seine Lösung vorbereitet, dass fast niemand bereit wäre, die überwältigende Wahrheit zu glauben, dass als Maßstab der Entwicklung ein subtiler Prozess im durchschnittlichen menschlichen Körper am Werke ist, der zur Bildung einer biochemischen Essenz flüchtiger Art führt, die ohne Weiteres in ein psychisches Strahlen von hoher Potenz umgewandelt werden kann. Vom rationalen Standpunkt aus sollte kein unvoreingenommener Wissenschaftler ungläubig einer solchen Möglichkeit gegenüberstehen, aus dem einfachen Grund, weil in jeder Lebensform die Produktion nervlicher und psychischer Energie beständig weiter Gehirn und Nervensystem ernährt, wenn auch die Art, wie dies bewirkt wird, die Natur der Energien und die Methode ihrer Entstehung aus den groben Bestandteilen des Organismus bisher der Wissenschaft noch unbekannt sind."[221]

---

220 Harrison, 6
221 Weizsäcker, 103

Gopi Krishna beschreibt Kundalini als göttliches Organ, das auf natürliche Weise in allen Menschen wirksam sei, vor allem jedoch in Weisen, Mystikern, Propheten und Genies. Dabei komme es sozusagen auf die »Stromstärke« an, wodurch eine entsprechende Aktivität des gesamten Nervensystems hervorgerufen werde. Je stärker die »Stromstärke«, desto größer sei die Wahrnehmung von Nerven, die unter »Normalbewusstsein« nicht erspürt werden könnten. Ihre Aktivität beinhaltet die Erzeugung von Prana, welche aus dem gesamten Körper in Richtung Gehirn transportiert werde, wodurch der Geist jung und der Körper kräftig gehalten werde.[222]

Jedoch gilt nicht, je stärker die Kundalini, desto bewusster, desto genialer. Es ist vielmehr so, dass es dabei auf die geistige Haltung ankommt. Wenn die Kundalini stark fließt, darf sie nicht von außen, beispielsweise durch Ängste, blockiert werden, sonst könne sie verheerende Folgen nach sich ziehen. Wenn von außen das Nichtwissen geschürt wird, wirke der Strom vernichtend.[223] Nicht nur geistige Unruhe, Depression oder physische Krankheiten können die Folge sein. Auch Wahnsinn stehe eng in Verbindung mit einer Kundalini, die ihre Potenz nicht entfalten kann.[224]

Gibt der Mensch sich ihr jedoch bewusst und mit einer demütigen Geisteshaltung hin, könne die Kraft der Kundalini den Menschen zu scheinbar übernatürlichen Fähigkeiten anregen, die der Metamorphose des Bewusstseins durch die Prana-Energie geschuldet sei: „Vorausschau, Heilkräfte, psychische Talente und andere wunderbare Gaben können sich gleichzeitig mit der Genialität entwickeln."[225]

Gopi Krishna kritisiert dabei die begrenzende Sicht auf das Ge-

222 Weizsäcker, 66; 106f.; 110f.
223 Vgl. dazu Krämer
224 Weizsäcker, 122
225 Weizsäcker, 117

hirn, solange es als rein funktionaler und materieller Teil des Körpers gesehen werde. Die Fähigkeiten von Mystikern, Sensitiven oder Wunderkindern übersteigt diese Sichtweise, weshalb es notwendig sei, die Sicht zu erweitern. Etwas als Wunder zu beschreiben, begrenze den Geist, weil dabei von der eigenen Begrenztheit ausgegangen wird.[226] Dadurch wird Unglaube geschürt, statt des menschlichen Potenzials.

Ein »Wunder« anzuerkennen, ist jedoch ein erster Schritt. Ein zweiter Schritt besteht in der Beschreibung des »Wunders« als Versuch, es zu verstehen und den eigenen Geist um dessen Art der Existenz zu erweitern. Weizsäcker macht das vor, indem er aus den Notizen von Gopi Krishna berichtet, der sich nie für Dichtung interessiert hatte. An dessen Augen wären eines Tages plötzlich zwei Zeilen eines wunderbaren Verses vorbeigezogen, „wie ein leuchtendes Schreiben in der Luft". Weizsäcker berichtet weiter über den indischen Yogi: „Am selben Tag trat er in ein kosmisches Bewusstsein ein, in dem alles, was im ersten Erlebnis vor zwölf Jahren explosiv feurig war, nun »wie ein von innen her bewegtes Meer des Lebens« die eigentliche Wirklichkeit wurde."[227]

Mit diesem Bewusstsein ist es dann nicht mehr der Wunsch, andere zu beeindrucken, der einen vorantreibt, sondern die innerlich erlebte Wahrnehmung. Diese Hingabe ist dabei alles, was wirklich zählt.

226 Weizsäcker, 97
227 Weizsäcker, 28 (gilt auch für voriges Zitat)

Hingabe und Leidenschaft oder: Verknüpfungen im Gehirn bewusst gestalten

Der australische Wissenschaftler Allan Snyder, Leiter des *Centre for the Mind* in Sydney, erforscht Denkprozesse und neurologische Verarbeitungsprozesse. Er erkannte, „dass Savant-Fähigkeiten aus natürlichen (wenn auch ungewöhnlichen und herausragenden) neurologischen Verarbeitungsprozessen resultieren. Die Denkprozesse von Autisten unterscheiden sich nicht grundlegend von denen »gewöhnlicher« Menschen, argumentiert Snyder, sondern sind vielmehr eine – extreme – Variante davon."[228] Snyder will durch die Transkranielle Magnetstimulation elektromagnetische Impulse in die Stirnlappen seiner Probanden schicken, um den Savant in ihnen sozusagen aufzuwecken. Das funktioniert jedoch nur für kurze Zeit, wodurch klar wird, dass kein Wissen allein neurologisch bedingt ist. Hingabe und Leidenschaft können nicht von außen über Elektroden in einen Menschen gelangen. Diese müssen von innen heraus entwickelt werden, dann erst handelt es sich um authentische Stimulation. Das ist allen Menschen gemeinsam, genauso wie die Tatsache, dass dadurch Wissen entwickelt und die Verschaltungen im Gehirn entsprechend gestaltet werden können.

Dabei ist das Wie des Erlebens maßgeblich für authentische Stimulation. Wo wirkliche Leidenschaft für eine Sache entwickelt wird, können auch oberflächliche Medieninhalte keinen entsprechenden Einfluss mehr auf die Sinne nehmen. Wer leidenschaftlich erlebt, indem emotionale Zentren im Gehirn stimuliert werden, erlebt in positiver Potenz; denn so werden neue Verschaltungsmuster im Ge-

---

228 Tammet, Wolkenspringer, 35f.

hirn aufgebaut, wie es der Gehirnforscher Gerald Hüther in einem Interview mit dem „Wissens-Verlag" über *Die neue Lust am eigenen Denken* sagt. Das sei die einzige wirkliche und wirksame Art, wie man sein Gehirn am effektivsten nutzen kann, weil durch Begeisterung neuroplastische Botenstoffe im Gehirn ausgeschüttet werden, die eine Neubildung neurologischer Verknüpfungen bewirken.[229]

Diese Potenz des leidenschaftlichen Erlebens haben alle Menschen. Synästhetiker und Savants erleben das bewusst. Das Gefühlsleben besteht bei ihnen nicht mehr aus einfach getriggerten Emotionen wie aus Angst oder Freude, sondern es besteht aus vielfachen Tönen und Schattierungen, wie sie der Synästhetiker und Savant Daniel Tammet erfährt: „Daniels Synästhesie [...] ist insofern einzigartig, weil er einzelne Zahlen – jede Zahl bis 1000 – nicht nur einfach »in Farbe sieht«, sondern als ganz bestimmte Form, Farbe, Struktur, Bewegung und manchmal sogar als »Gefühlston« wahrnimmt. Wenn er die schwierigsten Aufgaben im Kopf rechnet, sieht er die Antwort nicht als Zahlen wie in einem Telefonbuch vor sich, sondern vielmehr als Zusammenfluss dieser Formen, Farben und Strukturen zu einer »Lösung«, die er als neu entstandene Verbindung von Form, Struktur und Farbe erlebt."[230]

Das Gefühlsleben ist bei Daniel Tammet direkt verbunden mit einer gewinnbringenden Lösung. Das Gefühlsleben gebiert praktisch aus erfahrenen Einzelteilen stets etwas Neues.

Wie könnte man sich in solch intensives Erleben nicht vollkommen fallen lassen, sich darin wie in einem Sog gehen lassen? Wenn man eine ganz individuelle Art hat, zu Lösungen zu gelangen, bekommt das Leben insgesamt einen ganz neuen Sinn.

Wer ein Synästhetiker ist, muss nicht gleichzeitig auch Savant sein,

---

229 Hüther, https://www.youtube.com/watch?v=82jJ_WbcIV8

230 Tammet, Elf ist freundlich und Fünf ist laut, Vorwort Treffert, 10

doch das Potenzial zu beidem haben alle. Das ist gegeben durch die Sinne und durch die Fähigkeit, in das Gefühlsleben einzutauchen. Das ist durchaus zu verbinden mit intellektuellen Fähigkeiten, wie es bei Daniel Tammet der Fall ist. Vor allem, wenn es um intellektuelle Fähigkeiten geht, ist nach Gerald Hüther die Entwicklung von Leidenschaft und Begeisterung grundlegend. Dieses Gefühl wirkt, so Hüther, wie ein Filter, „mit dem es prüft, ob etwas wichtig oder unwichtig ist", Unwichtiges ist nonsens und wird nicht durch den Filter gelassen.[231]

Ein Gefühl für etwas zu entwickeln, um sich gewinnbringend mit etwas zu verbinden, das ist jedoch nicht für alle Menschen leicht. Medien können diese Verbindung kappen oder verhindern. In der Folge werden intuitive Handlungen umprogrammiert und Leidenschaften stillgelegt. Der mentale Filter funktioniert dann nicht mehr richtig, das Bunte ist in diesem Fall nicht mehr bunt, sondern schwarzweiß. Wenn zu viele Informationen auf den Filter einprasseln, können insbesondere hochsensible Menschen sehr schnell überfordert sein. Deshalb müssen die Reize so weit reduziert werden, dass der Filter richtig funktioniert und die eigenen Sinne in ihren bunten Schattierungen wahrgenommen werden können. Wer im Informationsstress ist, woraus der Alltag oft besteht, kann weniger gefühlte Farbtöne und Leidenschaften wahrnehmen als bei entspannten Sinnen. Bunter ist hier gleich größer: Je bunter die Wahrnehmung, desto mehr Gehirnkapazität wird bewusst genutzt. Gibt man sich der hin, kann die Leidenschaft neu entfacht werden.

Um die Leidenschaft zu erhalten, ist die Unterstützung, die der Mensch grundsätzlich bekommt, ganz gleich ob es sich um einen Neurotypischen oder Neurountypischen handelt, zentral. Wird er in

---

231 Hüther, https://www.youtube.com/watch?v=82jJ_WbcIV8

eine Schublade gesteckt oder gar abgewertet und zum Objekt gemacht, kann er nicht dasselbe Potenzial entfalten, als wenn er ermutigt wird, ihm seine Ängste genommen werden und Vertrauen in ihm geweckt wird. Wo es eine solche Gemeinschaft gibt, kann der Mensch völlig frei sein Potenzial entfalten, und zwar in einer Art und Weise, die bislang vielleicht noch unbekannt ist.[232]

232 Hüther, https://www.youtube.com/watch?v=82jJ_WbcIV8

Nahrung

Hypersensible essen anders

Wie Hypersensible in das Wesen von Buchstaben und Zahlen eintauchen, so erfühlen sie auch die Wirkung der Nahrungsmittel auf den eigenen Körper – und zwar so weit, dass die Schulmedizin in der Diagnose oft hinterherhinkt, wie bei Nahrungsmittelunverträglichkeiten. Dabei ist die Frage nach dem Wesen von Zahlen gewissermaßen antik, sie reicht bis zu Pythagoras zurück, ähnlich wie die Frage nach dem Wesen von Pflanzen.

Wie nach der kabbalistischen Lehre des Tikkun der Mensch erst heil wird durch das Erfassen des Wesens von sich und seiner Umgebung, ist auch nach der Lehre des Paracelsus der Mensch erst heil, im Sinne seiner Natur, wenn er sich vom Makrokosmos aus erfasst und nicht allein aus sich selbst heraus. Dabei gilt es natürlich, das subtile Wesen der Natur zu erfassen und in Reflexion zu sich zu stellen. Wer das schafft, kann selbst Heilmittel finden, welche die Natur für ihn bereithält. In wacher Aufmerksamkeit erschließt sich so die vollständige Natur. Dieser Transformationsprozess heißt Alchemie.

Paracelsus bezog die Signaturen in der Umgebung auf den eigenen Körper. Er erkannte nicht nur bestimmte harmonische Formationen, wie man es im Romanesco, an Salatköpfen oder bei Rosenblüten beobachten kann, sondern nahm beispielsweise herzförmige Blüten gegen Herzkrankheiten. Er erzielte mit seiner Heilmethode anhand der Signaturen große Heilungserfolge, wodurch der hochsensible Blick dieses außergewöhnlichen Arztes offenbar wird.

Genauso gibt es heute Menschen, die sensibel genug sind, um das authentische Wesen zu erblicken. Hypersensible finden ihre Nahrungsmittel, indem sie ihre Strukturen und Zusammenhänge sozusagen intuitiv erkennen. Oftmals wird jedoch diese hochsensible Wahrnehmung auf einen Konsens heruntergebrochen. In vielen Fällen wird Hypersensiblen die Selbstwahrnehmung abgesprochen, indem ihnen medizinische Studien vorgehalten werden, die das Gegenteil der sensiblen Wahrnehmung beweisen sollen.

Es ist natürlich gut und gesund, auch die schulmedizinischen Meinungen zu reflektieren; denn mit Hypersensibilität kann auch pathologisches Essverhalten verbunden sein. Da können objektivere Meinungen einen gewissen Halt bieten, um Ängste nicht zu vergrößern. Es ist insbesondere bei der Ernährung wichtig, dass man verantwortungsbewusst mit sich und den Nahrungsmitteln umgeht.

Wenn jedoch ein nervöser Mensch mit empfindlichen Schleimhäuten wahrnimmt, dass Milchprodukte stark verschleimen und zu Übelkeit führen, ist es wichtig, dass er ernst genommen wird. Jeder Körper funktioniert anders, genauso arbeiten auch die Sinne jedes Menschen anders. Auch ein Rezept für Laktasekapseln und Nasenspray hilft an der Stelle nur insofern, dass er weitermachen kann wie bisher. Doch der bequemste Weg ist hier nicht unbedingt der gesündeste. Der einzige Weg, der hier nachhaltig hilft, ist derjenige, der eigenen Wahrnehmung zu vertrauen.

Es ist allerdings immer gut, seinen Zustand abzuklären und verschiedene Meinungen zu berücksichtigen. Doch seinen Sinnen zu trauen, ist für einen Hypersensiblen fast eine Art Alchemie. Lässt der nervöse Mensch mit empfindlichen Schleimhäuten Milchprodukte weg, geschieht nicht nur etwas auf physischer Ebene, sondern auch auf geistiger. Es kann sich dadurch nach und nach ein tiefes Vertrauen in die eigene Wahrnehmung manifestieren, die nichts mit Einbildung zu tun hat. Es ist eine Geisteshaltung, die authentisch ist. Hat man diese gefunden, können sich negative Symptome abmildern und Nerven und Schleimhäute wieder ins Gleichgewicht kommen.

Gefundene Lebensenergie

Es ist natürlich ideal, wenn Hypersensible eine Stütze haben, die sie davor bewahrt, in pathologische Verhaltensmuster abzurutschen; denn gerade Hypersensible sehen sich ohne eine solche Hilfestellung oft in einem Kreislauf des Suchtverhaltens gefangen, obwohl sie spüren, dass das ungesund ist. Diese Schleife ist auf Dauer fatal.

Wichtig ist zu erkennen, wie man dort hineingeraten ist. Süchtig ist, wer sucht. Suchtverhalten versucht, Mangel zu beseitigen, erreicht jedoch genau das Gegenteil. Diese Schleife kann verlassen, wer erkennt, wann und oder warum er in sie eingestiegen ist.

Auch mit industriell hergestellten Nahrungsmitteln kann man seine Sucht (für den Moment) befriedigen. Das sind die unauffälligeren und am weitesten verbreiteten Suchtmittel, und deshalb die effektivsten. Mit einer solchen Art Nahrungsmittel fällt es eher weniger auf, dass man unter Drogen steht, weil die Auswirkungen auf das Bewusstsein nicht so stark sind wie diejenigen halluzinogener Stoffe.

Jedes Nahrungsmittel füttert einen bestimmten Bewusstseinszustand. Wie Ginseng die Gedächtnisleistung steigert und Kaffee die Wachheit, macht Fertignahrung müde und erschöpft den Geist.

In Anbetracht der derzeitigen Ernährungsweise vieler Menschen erscheint ein Zitat von Ann Wigmore, einer großen Ernährungslehrerin des letzten Jahrhunderts und Rohkostpionierin, die grüne Süßgräser als Allheilmittel nutzte, fast ein wenig zu hoffnungsfroh. Sie sagte über den grünen Zauberstoff: „Chlorophyll wird im kommenden erleuchteten Zeitalter das Hauptprotein sein. Im frisch zubereiteten Getränk enthält es kondensierten Sonnenschein und den für die Wiederbelebung des Körpers erforderlichen elektrischen Strom, und es wird Teile des Gehirns erschließen, von denen der Mensch heute noch nichts weiß.“[233]

Im Kern ist diese Prophezeiung jedoch wohl wahr, denn es entdecken derzeit immer mehr Menschen, welch unterschiedliche Auswirkungen die Fleischqualität auf das Wohlbefinden haben kann; und es entdecken immer mehr Smoothie-Fans die Wirkkraft des Blattgrüns. Gerade Hochsensible reagieren stark auf solche Qualitätsunterschiede, vor allem auf die subtileren Wirkungsweisen. Diese liegen im Grunde allein in der Fließkraft der Lebensenergie. Wer die feineren Auswirkungen der Nahrungsmittel gesucht und gefunden hat und diese in seinen Alltag einbindet, der unterliegt sicherlich keiner Einbildung, sondern kann sich mit einer natürlichen Kraft aus einer Suchtschleife holen, welche die Sinne vernebelt hatte.

233 Dahlke, Das Geheimnis der Lebensenergie in unserer Nahrung, 320

Die Kraft der Lebensenergie

Die Fließkraft der Lebensenergie wird und wurde in den verschiedensten Kulturen beschrieben, von Literaten wie Naturwissenschaftlern. Newton nannte das „subtile Fluidum, das alle Körper durchdringt", *sensorium Dei*. Der Ursprung dieser Kraft wird als das Gehirn Gottes beschrieben, als „jenes Organ, durch das der göttliche Gedanke im unendlich Großen ebenso aktiv wird wie im unendlich Kleinen".[234] Das ist heute wie eh und je für Hypersensible nachvollziehbar. Synästhetiker sollen dieses Fluidum sogar sehen und gleichzeitig erfühlen können. Auch empfindsame und reizbare Personen können in einem abgedunkelten Raum an den Enden eines Magneten gelbe, rote und blaue Lichtstrahlen wahrnehmen.[235] In auskristallisierter Form ist das für alle sichtbar, denn die Lebensenergie verändert sich, sie wird dichter oder feiner, je nach Geisteshaltung. Es heißt, dass die lebendigen Organismen dem Willen der Lebenskraft unterliegen: „Im Nervensystem des Tieres verfeinert, überträgt sie den Willen auf die Gliedmaßen und die Empfindungen auf das Gehirn."[236] Jedes Tier handelt instinktiv, auch das entspricht der natürlichen Fließkraft. Erst der freie Wille des Menschen hat die Möglichkeit, anders zu entscheiden und seinen Geist aus anderen Bewusstseinsebenen zu nähren.

In antiken Kulturen wurde bewusst mit diesen Ebenen der Wahrnehmung gearbeitet. Pythagoras studierte diese Lehren, Religionen und Kulturen: „In Babylon konnte er sich intensiv mit dem Wissen der Magier, der Erben des Zoroaster, befassen. Obwohl nur die ägyp-

234 Schuré, 242
235 Schuré, 242
236 Schuré, 243

tischen Priester die Schlüssel der heiligen Wissenschaft besaßen, genossen die persischen Magier den Ruf, die Praxis gewisser Künste weiterentwickelt zu haben. Sie behaupteten, jene Geheimkräfte der Natur zu beherrschen, die als pantomorphisches Feuer oder Astrallicht bezeichnet wurden. In ihren Tempeln hieß es, herrschte am hellen Tage Dunkelheit, Lampen entzündeten sich von selbst, man sah die Götter erstrahlen und hörte den Donner grollen. Die Magier nannten dieses unkörperliche Licht den himmlischen Löwen. Es erzeugte Elektrizität, die sie willentlich zu verdichten oder zu zerstreuen verstanden, sowie Schlangen, die elektrischen Ströme der Atmosphäre und die magnetischen Ströme der Erde, die sie angeblich wie Pfeile gegen die Menschen richten konnten. Sie hatten sich dem Studium der suggestiven, attraktiven Macht der menschlichen Wortes gewidmet."[237]

Auch wenn sich die Ausübung solcher Riten in unseren Kulturen verändert hat, so ist dieses Fluidum trotzdem stets sichtbar für diejenigen Hochsensiblen, die ihren Geist dafür öffnen. Manche beschreiben es als lichtvolle Zeichen, die sich ständig wandeln. Paracelsus beschrieb es als Astrallicht. So versteht sich der Zusammenhang, dass dieses subtile Fluidum dem Astralkörper als Substanz dient: „Es wird zum Lichtkörper, den der Geist sich stets neu webt."[238] Lauscht man in stillen Momenten seinem Bewusstsein, ist vielleicht sogar der eine oder andere Ton vernehmbar, der einen praktisch intuitiv führt. Das nährt die erhabeneren Bewusstseinsebenen, wodurch die Materie ein wenig leichter zu ertragen ist.

237 Schuré, 233f.
238 Schuré, 243

Angst und Wahnsinn

Die erhabeneren Bewusstseinsebenen haben Einfluss auf die Materie. Wer diesen Fluss der Lebenskraft bewusst wahrnehmen oder sogar sehen kann, der vermag sich auch seine Nahrungsmittel dementsprechend auszuwählen. Das zieht einen direkten wechselseitigen Einfluss nach sich. Die Materie wird dadurch leichter oder luzider, und die feineren Bewusstseinsebenen wiederum gestärkt.

Wer die Lebenskraft sehen kann, wird sich kaum Fleisch aus Massentierhaltung aussuchen, denn diese enthält nicht nur auf subtileren Ebenen Angst und Lethargie, sondern auch auf physischer. Das ist hormonell nachweisbar; und dass auch Tiere Depressionen haben können, zeigt ein Blick in deren Augen. Die Lebenskraft ist in dieser Haltungsform längst dem Wahnsinn gewichen.

Ein System speist sich aus sich selbst, und es hält das für gut, was es erhält. Wird es darin allzu starr, wird das Verhalten pathologisch und verfällt dem Wahnsinn. Hypersensible zeigen das auf, doch leider wird zwecks der Systemerhaltung vielen Hypersensiblen der Wahnsinn zugesprochen, statt ihn im System zu sehen, und darin diejenigen Ecken zu glätten, welche die Lebenskraft blockieren.

Temple Grandin ist eine hochsensible Tierpsychologin, die genau dies fordert. Sie verbessert das System der Massentierhaltung mit ihrer Arbeit, wo immer sie kann. Die Dozentin für Tierwissenschaften schreibt, sie fühle sich den Tieren sehr nahe, indem sie als Autistin ähnlich wahrnehme: „Tiere und Autisten haben keine abstrakten Bilder im Kopf, sondern nur die, die sie tatsächlich sehen. Wir sehen die Details, aus denen sich die Welt zusammensetzt, während sie für den »normalen« Menschen verschwimmen und irgendeiner abstrakten Idee Platz machen."[239] Das liegt daran, dass der Frontallappen im Gehirn bei Autisten und Tieren nicht so funktioniert oder ausgebildet ist wie bei »normalen« Menschen. Ein gut ausgebildeter Frontallappen lässt Details verschwimmen.[240] Dennoch sind die Gehirne von Menschen und Tieren nicht so unterschiedlich angelegt: „Alle über die Sinne empfangenen Informationen müssen vom Gehirn verarbeitet werden. Auf Gehirnzellen- oder Neuronen-Ebene hat der Mensch genau dieselben Neuronen wie ein Tier. Wir benutzen sie nur anders, aber ansonsten sind sie genau gleich. Mit anderen Worten: Rein theoretisch könnten wir über eine genauso empfindliche Wahrnehmung verfügen wie Tiere, vorausgesetzt, wir wüssten unsere Neuronen zu nutzen wie sie. Und das ist nicht nur graue Theorie: Meiner Meinung nach gibt es längst Menschen, die ihre Neuronen nutzen wie Tiere. Eine meiner Studentinnen namens Holly, eine schwere Legasthenikerin, hat ein derart ausgezeichnetes Gehör, dass sie Radios hören kann, die nicht eingeschaltet sind. Alle Empfänger, die an das Stromnetz angeschlossen sind, funktionieren, auch wenn sie ausgeschaltet sind. Holly kann die winzigen Signale hören, die ein ausgeschaltetes Radio empfängt. Dann sagt sie zum Beispiel, »auf NPR läuft gerade etwas über Löwen«. Wir machen das Radio an und sie hat Recht: NPR bringt wirklich eine Sendung über Löwen! Holly kann sie hören. Sie kann das Summen der Leitungen in der Wand hören."[241]

Wer also seine Verknüpfungen im Gehirn zu nutzen weiß, kann über die gewohnten Fähigkeiten hinausgelangen. So kann auch Grandin sich in die Tiere versetzen und Angst sowie Wahnsinn in der Massentierhaltung etwas mindern. Sie hat mit ihrer Tierpsychologie einen solchen Erfolg, dass die Hälfte sämtlicher Nutztiere in

239 Grandin, ebook, Kap. 2 (Pos. 609 von 6754)
240 Grandin, ebook, Kap. 2 (Pos. 1004 von 6754)
241 Grandin, ebook, Kap. 2 (Pos. 1196 von 6754)

den Vereinigten Staaten und Kanada nach Grandins Methoden geschlachtet werden.[242]

Das Problem der Tierhalter, schildert sie, läge darin, dass sie sich keine Gedanken über Haltungsbedingungen machen. So funktioniert das von Temple Grandin entwickelte Treibgang-System nur, wenn die Tierhalter auch sensibel mit ihren Tieren umgehen.[243] Dass eine Hochsensible den Tierhaltern einen sensiblen Umgang mit ihren Tieren beibringt, ist natürlich ein großer Schritt in der Massentierhaltung, aber auch ein trauriger Beweis für die Grenzen des menschlichen Bewusstseins. Müsste nicht jeder Tierhalter von seinen Tieren lernen können? Diese Frage wird leider in der Massentierhaltung ihrer Dimensionen beschnitten, denn wo mit einer Masse an Tieren umgegangen wird, steht meistens das Kapital an erster Stelle, und das wirkt bekanntermaßen wie Scheuklappen auf den menschlichen Horizont. Deshalb ist es so wichtig, dass hochsensible Menschen wie Temple Grandin innerhalb dieses Systems arbeiten und nicht nur Tierhalter auf die Sensibilität der Tiere aufmerksam machen, sondern auch den Tieren ihr Dasein irgendwie erleichtern.

Sensible Bewusstseinsformen ernst nehmen

Wie Temple Grandin als Tierpsychologin in ihrer außergewöhnlichen Sensibilität ernst genommen wird, das könnte ein Meilenstein für die Wahrnehmung vieler anderer Hochsensibler sein.

Die Wahrnehmung von Hypersensiblen erscheint natürlich in manchen Fällen im Vergleich zur neurotypischen Wahrnehmung übertrieben, und da kann ab und an ein liebevolles Nachhaken gesund

242 Grandin, ebook, Kap. 1 (Pos. 183 von 6754)
243 Grandin, ebook, Kap. 1 (Pos. 280f. von 6754)

sein, um pathologisches Verhalten zu vermeiden. Aber ernst genommen werden sollte die hypersensible Wahrnehmung trotzdem, vor allem was die Ernährung anbelangt.

Nicht nur Alkohol hat, wie wir alle wissen, maßgeblich Einfluss auf den Bewusstseinszustand. Dass auch eine ausgewogene Ernährung das Bewusstsein stärkt und ausgleichend wirkt, ist im Grunde auch hinlänglich bekannt; nicht aber, dass es auch noch subtilere Ebenen gibt, die Hochsensible erfühlen.

Auf der Ebene der Aggressionsbewältigung beginnt die Wissenschaft zu erforschen, wie Nahrung das Bewusstsein beeinflusst. Für das Jahr 2016 ist eine große Studie von niederländischen Forschern geplant, die untersucht, „ob eine Verbesserung des Ernährungsstatus eine Reduzierung von Aggressivität und von antisozialem Verhalten herbeiführen kann. Dazu werden Häftlingen mit Aggressionsproblematik Nahrungsergänzungsstoffe angeboten. Aufbauend auf früheren Arbeiten, erhalten Insassen aus fünf niederländischen Gefängnissen und zwei Hafteinrichtungen für Jugendliche ab dem nächsten Jahr Vitamine, Mineralstoffe und Fischöl. Erweist sich dieser Ansatz als erfolgreich, so plant das Justizministerium eine Ausweitung des Programms auf die Bereitstellung von Mikronährstoffen an weitere Gefängnisinsassen mit Gewaltneigung.“ Diese Studie baut auf einer bereits im Jahre 2002 veröffentlichten Studie auf, die diesen Zusammenhang erwies. Zudem wies Archibald Sinclair, seinerzeit Staatsminister für die britische Luftwaffe, schon 1942 darauf hin, dass eine ausreichende Versorgung des Gehirns mit Mikronährstoffen antisoziales Verhalten hervorrufen könne. Weitere Studien bestätigen, dass dadurch unter anderem Zerstörungswut und obszönes Verhalten abgemildert werde.[244]

---

244 http://www4ger.dr-rath-foundation.org/infothek/features/grosse-nahrungsergaenzungsstudie-zur-aggressionsbewaeltigung.html, 17.09.2015, abgerufen am

Die subtilen Mikroebenen sind natürlich sehr verschieden, und jeder reagiert anders auf bestimmte Zusammensetzungen. Doch grundlegend geht die Denkweise, die dieser Studie zugrunde liegt, in die richtige Richtung, die aufzeigt, dass Mikronährstoffe jedes Gehirn stärken, nicht nur die der pathologisch auffälligen Menschen.

Die Erfahrung bestätigt das. Sie zeigt, dass Nahrung maßgeblich Einfluss auf die Ausgeglichenheit des Gemüts hat. Der Journalist Hans-Ulrich Grimm zitiert in seinem Buch *Die Ernährungslüge* die Verringerung von Symptomen bei pathologischen Verhaltensweisen. Dabei ist wichtig zu unterscheiden: Eine Besserung pathologischen Verhaltens kann die richtige Nahrung bringen, doch sie ist kein Versprechen auf nachhaltige Heilung, vor allem was Autismus anbelangt. Autismus hat genetische Ursachen und ist, wie oben dargelegt, nicht als Krankheit zu betrachten. Die Genetik liefert ein Muster für eine Bewusstseinsform – und von der muss keiner geheilt werden. Das geht gar nicht; und wie sollte man überhaupt auf diese Idee kommen?

Dabei sind die Versprechen an Wundermitteln ebenso gefährlich wie böse: Das Schlucken von Brokkoli-Pillen hört sich in dieser Liste vergleichsweise harmlos an, die Verpflanzung von Stuhl in Magen oder Darm schon abstrus und eklig, die Verabreichung von Chlorbleiche als Einlauf gar wie Misshandlung.[245]

Dem zugrunde liegt die Missachtung der verschiedenen Bewusstseinsformen. Werden die sensiblen Bewusstseinsformen jedoch gesehen und ernst genommen, können wir durch gegenseitigen Austausch Bereiche unseres Gehirns erschließen, die über abstrakte Ideen, Vermutungen oder seltsame Heilungsversprechen hinausreichen.

11.10.2015 (auch voriges Zitat)

245 Linke, 171

Negative Symptome bessern

Pathologische Verhaltensweisen können unterschiedliche Ursachen haben. Sie können Teil von genetisch bedingtem Autismus sein oder von autismusähnlichen Symptomen. Sie können auch Teil unterschiedlichster Zwangsstörungen sein. Auch bei Epilepsie- oder Schizophrenie-Patienten werden sie beobachtet. Diese Liste ist endlos erweiterbar, weil im Prinzip jeder Mensch Zwangsstörungen entwickeln kann.

Pathologische Verhaltensweisen werden unmittelbar vom Cocktail der Neurotransmitter beeinflusst. Je nachdem, wie der gemixt wird, sehen die menschlichen Verhaltensweisen aus; denn die Neurotransmitter sind Botenstoffe und beeinflussen die Nervenzellen und neurologischen Muster im Gehirn – und dementsprechend das Verhalten. Die ganze Biochemie im Körper ist davon abhängig, was man isst und was man denkt. Davon hängt wiederum ab, ob die Lebensenergie fließt oder stockt. An den entscheidenden Verknüpfungspunkten im Gehirn sitzen die Botenstoffe. Je nachdem welche Art der Information diese weitergeben, bildet sich ein Muster heraus.

Jeder Botenstoff hat einen bestimmten Informationsbereich. Azetylcholin ist zuständig für die Informationen, die das Denken, das Gedächtnis und das Lernen betrifft. Adrenalin und Kortison sind verantwortlich für unseren Stresspegel. Dopamin kümmert sich um die Bewegungsabläufe, um die Phantasie und Kreativität. Endorphine senken das Schmerzempfinden und steigern das Wohlgefühl. Endovalium löst Ängste und wirkt entspannend. Melatonin macht müde und bringt Ruhe. Serotonin gleicht aus und bringt Ruhe. Testosteron hingegen steigert die Aktivität und auch die Aggressivität. Östrogen hellt die Stimmung auf. Oxytozin wird beim Kuscheln, beim Orgasmus und bei einer Geburt ausgeschüttet. Es schafft Vertrauen.[246]

Gibt es in diesem Cocktail der Botenstoffe nun ein Ungleichgewicht, kann das zu ungewohnten Verhaltensauffälligkeiten führen. Nicht nur Zwangsstörungen, auch Aggressivität, Depression und Erschöpfungs- und Angstzustände können durch die richtige Ernährung abgemildert werden; denn diese kann den Cocktail in unserem Gehirn wieder in die richtige Ordnung bringen: „Weizen verschlechtert die Situation unseres Gehirns von der Konzentration bis zur Funktion und ist damit ein großes Hindernis für das geordnete Fließen der Lebensenergie. Daraus ergeben sich eine Fülle von Symptomen bis hin zur Schizophrenie."[247]

Die wissenschaftlichen Studien dazu sehen wie folgt aus: „Science, 1976: Der therapeutische Prozess von Schizophrenen, deren Ernährung kein Getreide und keine Milch beinhaltete, wurde durch die Einführung von glutenhaltigen Lebensmitteln unterbrochen. Nach dem Entfernen von glutenhaltiger Kost aus dem Ernährungsplan konnte der Heilungsprozess fortgesetzt werden. Schizophrenia Bulletin, 2011: Menschen mit Schizophrenie haben in Bezug auf Zöliakie und Glutensensitivität höhere Antikörpertiter als erwartet (siebenfach erhöhte Prävalenz). Schizophrenia Research, 2010: Individuen mit Schizophrenie haben eine neuartige Immunantwort auf Gliadin, die sich von der Reaktion von Personen mit Zöliakie unterscheidet."[248]

Die ursprüngliche Beobachtung, aus der diese Studien entstanden sind, machte der US-Psychiater F. Curtis Dohan (1907-1991). Ihm fiel auf, dass Schizophrenie während der Brotknappheit im 2. Welt-

246 Grimm, 50
247 Dahlke, Das Geheimnis der Lebensenergie in unserer Nahrung, 187
248 Dahlke, Das Geheimnis der Lebensenergie in unserer Nahrung, 188

krieg viel weniger auftrat. Nach dem Krieg nahm sie mit der Verfügbarkeit von Weizen wieder zu. Auch bei Urvölkern, wie beispielsweise in Neuguinea, trat die Schizophrenie erst mit der Einführung westlicher Ernährung auf: „Als daraufhin in einem Militärkrankenhaus schizophrenen Patienten für vier Wochen alle Weizenprodukte gestrichen wurden, gingen deren Symptome deutlich zurück. Tatsächlich ließen sich typische Symptome wie Halluzinationen und Realitätsverlust so an- und abschalten. [...] Ähnliche Effekte wie bei der Schizophrenie lassen sich für Autismus finden."[249]

Hans-Ulrich Grimm berichtet von Eltern, die ihre autistischen Kinder ohne Milchprodukte und ohne Gluten ernähren und eine erhebliche Besserung der Symptome feststellten. Grund dafür sei, dass Milch und Gluten, wenn sie nicht richtig aufgespalten und verdaut werden können, das Gehirn wie eine halluzinierende Droge beeinflussen.[250] Karyn Seroussi berichtet von ihrem Sohn Miles, dass er jeden Tag mindestens zwei Liter Milch trank. Bis zu dem Tag, als seine Mutter aufgrund einer Studie anfing umzudenken: „Da ich nichts zu verlieren hatte, beschloss ich, alle Milchprodukte aus seiner Nahrung zu entfernen. Da ich von Natur aus sehr skeptisch bin und mein Mann ein Wissenschaftler ist, entschieden wir uns, die Hypothese zu testen, dass Milch in Zusammenhang mit Miles' Verhalten stehen würde. Also gaben wir ihm am Morgen einige Gläser Milch zu trinken. Am Abend begann er wieder, auf Zehenspitzen zu laufen, seinen Kopf auf dem Fußboden zu reiben, seltsame Geräusche zu machen und zeigte wieder die bizarren Verhaltensmuster, die wir teilweise schon vergessen hatten. Für uns stand nun fest, dass Milchprodukte irgendwie in Zusammenhang mit Autismus stehen."[251]

---

249 Dahlke, Das Geheimnis der Lebensenergie in unserer Nahrung, 188
250 Grimm, 47
251 Grimm, 46

Nahrungsmittel können das Gehirn also vergiften, wenn sie nicht richtig verdaut werden. Wo grobe Klumpen (Kasein) und giftige Endprodukte im Körper wirken, können die Verhaltensweisen krankhaft und die Nerven geschädigt werden. So können, je nach Bewusstseinszustand, auch vermeintlich bekömmliche Nahrungsmittel für manche Menschen wie Nervengift wirken. Das ergibt sich aus dieser evolutiven und natürlichen Bewegung: „Beim Menschen gibt es die Entwicklung des Bewusstseins, das sich in jedem Individuum auf der Basis seiner körperlichen Ausstattung, insbesondere des Nervensystems, von Neuem aufbaut.“[252] Wer sich als Hypersensibler in seiner Selbstwahrnehmung also ernst nimmt, zeigt mit seiner Sensibilität, dass er keine schwachen Nerven hat, sondern ausgenommen feinsinnige, die man sich keinesfalls von außen kappen lassen darf.

Vertrauen ins Leben

Es bestehen immer verschiedene Meinungen, und es ist gut, sie zu reflektieren. Doch eine Meinung darf der anderen nicht ihre Wahrnehmung absprechen. Individualität und Akzeptanz sind die Grundpfeiler für hochsensible Wahrnehmungsformen. So kann der innersten Authentizität Ausdruck verliehen werden, und die besteht aus einer individuellen Komplexität. Integrität, Ehrlichkeit und Vertrauen speisen eine mentale Haltung, die Glaube und Liebe erwachsen lassen.

In dieser geistigen Haltung besteht das wahre geistige Potenzial, mit dem wir unseren Planeten bunt und nachhaltig gestalten können. Das meiste macht im Grunde die Natur; wenn wir vertrauensvoll mit ihr arbeiten, haben alle Menschen eine sichere Lebensgrundlage.

---

252 Weizsäcker, 35

Wenn man die Medien zum Thema Hypersensibilität und Nahrung verfolgt, gerät der Blick ein wenig auf die schiefe Bahn der Ignoranz. Stattdessen hilft es, wenn alle wieder ein wenig mehr Vertrauen in sich selbst gewinnen, indem sie zuhören, was die Hochsensiblen zu sagen haben:

„Ist der Mensch schlecht für den Planeten? Ich bin nicht dieser Ansicht. Schließlich möchte niemand in einer verseuchten Umwelt leben, und viele Menschen haben ihr Leben der Aufgabe gewidmet, das Klima der Erde zu erforschen und ihre Ökosysteme zu bewahren. Der Umweltschützer Tony Juniper hat darauf hingewiesen, dass weniger die Überbevölkerung als vielmehr der verschwenderische Konsum einiger weniger Reicher in den Industrieländern zu solchen Problemen wie dem der globalen Erwärmung beiträgt. Technische Fortschritte wie erneuerbare Energien und eine gerechtere Verteilung der Ressourcen bieten die Hoffnung, dass wir alle die Umwelt in Zukunft besser schützen können."[253]

Dafür ist die Grundlage ein offener Geist für die Problematiken der Umwelt und eine authentische Haltung für deren Annahme. Kreatives Denken gestaltet den Lösungsweg. Nicht die medizinischen und technischen Fortschritte im Erschließen neurologischer Fähigkeiten werden unsere Zukunft sichern, sondern allein die echte Rückbesinnung auf das Selbst und dessen Umgebung. Ein starkes Ego auf materieller Ebene hat noch nie zu wirklichem positiven Voranschreiten im Sinne einer Bewusstseinserweiterung geführt. Wirklich dazulernen kann man nur, wenn man die Realität echt und unverfälscht gestaltet – und zwar jeder mit seinen Fähigkeiten. Magnetische Energiekappen, „die jeden Menschen mit Savant-Fähigkeiten ausstatten sollen"[254] – das gleicht eher einem Glückspillen-Ver-

---

253 Tammet, Wolkenspringer, 282
254 Tammet, Wolkenspringer, 295

sprechen, das beides in der wirklichen Entwicklung menschlicher Bewusstseinsformen hoffentlich ein Versprecher bleibt. Das wirkliche Glück findet sich nämlich darin: In der echten Entwicklung der Bewusstseinsformen, die nicht der Täuschung erliegt, man könne das schnelle Glück in einem Wunsch-Erfüllungs-Programm finden. Das langfristige Glück oder Zufriedenheit finden sich in der echten Rückbindung an sich selbst, in sozialen Kontakten und in der offenen Konfrontation.

Dabei sind vor allem die eigenen Ängste ein Muster, dem nicht nachgegeben werden sollte, wie Denise Linke das auf ihre so besondere liebenswerte Eigenart lebt. Krishnamurti schrieb über die Angst: „Angst ist zerstörerisch und pervertiert jegliche Wahrnehmung. Sie täuscht uns, trübt das Bewusstsein und nimmt uns unsere Würde. Untersuche die Angst – schaue ihr offen ins Gesicht. Versuche nicht, Ausreden zu finden. Gehe total hinein. Mache Dir alle Formen Deiner Angst bewusst und wasche sie hinweg. Lasse sie nicht eine Minute länger ihr zerstörerisches Werk tun. Unschuld kann nicht existieren, wo Angst, Eifersucht und Verhaftung herrschen. Sei Dir dessen zutiefst bewusst.“[255]

Angst täuscht uns, dessen ist sich Denise Linke wohl bewusst – sie schreibt immer wieder, was Autisten am besten könnten, sei, authentisch zu sein. Das ist wohl die intelligenteste Bewusstseinsform, aus der sich eine Potenz schöpfen lässt, die unendlich ist. Sie ist mit einem tiefen Ur-Vertrauen ins Leben verbunden. Das kann sich jeder Neurotypische als Vorbild nehmen, denn wo dieses Vertrauen herrscht, ist Täuschung und Manipulation kaum möglich, die beide im Grunde eine Beleidigung jeglichen Bewusstseins sind. Im Prinzip sind es deshalb vor allem die Neurotypischen, die aufwachen

255 Pupul Jayakar: Krishnamurti, Freiburg 1988, S. 236, zitiert aus: Michel, 61

müssen, um die Gnade zu erkennen, die in allem liegt. Das ist eine synästhetische Schraube, die sich gleich einer Schlange nach oben windet – ein Zirkel, der nach oben hin offen ist, wenn alle sich gegenseitig stützen und eine offene Konfrontation anstreben. So überwindet wirkliches Vertrauen die Ebene des Rationalen nach oben hin, anstatt sie nach unten zu unterschreiten.[256]

Sich der Authentizität hingeben

Diese offene Konfrontation könnte auch mit dem Wort Hingabe verknüpft werden. Gerade Hypersensible haben mit ihrer Hyperkonnektivität die Gabe, eine Verbindung herzustellen, die Kreativität fördert – die Basis dafür ist ohne Zweifel Hingabe. Vielleicht ist es nicht immer für die ganze Umgebung verständlich, wo der Hypersensible plötzlich abgeblieben ist, wenn er sich einer Neuentdeckung hingibt, aber genau das ist eine Situation für eine offene Konfrontation mit sich selbst. Der Hypersensible ist in dem Moment nahezu egofrei, denn er dient zu diesem Zeitpunkt allein der Kreativität. Seine Mitmenschen können sich in diesem Moment fragen: Kann ich einem Menschen die Freiheit einräumen, völlig hingebungsvoll zu sein? Lasse ich ihn oder zwinge ich ihn zu einer Rechtfertigung?

Dabei dienen vielleicht die Gedanken über die Hingabe von Peter Allmend zur Antwortfindung. Der Hingabe kommt in der menschlichen Beziehung eine erhebliche Bedeutung zu, und das ist eng mit Demut verknüpft: „Hingabe ist die natürliche, aus freiem Willen erfolgende Verehrung des HEILIGEN. […] Hingabe ist immer spontan, weil sie aus der unerwarteten, unangekündigten Begegnung mit

256 Zu diesen innerlichen Bewegungen: Michel, 65

dem HEILIGEN hervorgeht.“ Mit Zwang oder Forderungen hat sie nichts zu tun, wohl eher mit absoluter Freiheit: „Erfolgt die Hingabe nicht aus der Spontaneität der Liebe, so sollte sie unterbleiben. Die Hingabe, wenn sie einem verkörperten Menschen gegenüber zum Ausdruck gebracht wird, gilt nie der Person, sondern DEM, was durch sie an GÖTTLICHKEIT hindurchleuchtet.“[257]

Weil Hypersensible eben dies (intuitiv und oft gleichzeitig bewusst) beherrschen, sollte Hypersensibilität nicht nur nicht als Krankheit betrachtet werden, sondern diese besonderen Bewusstseinsformen zeigen den Weg auf, wie eine hellere Zukunft gestaltet werden kann.

Bewusstsein ist eine Art von Gewahrsein und Erleben zugleich, das so gar nichts mit Krankheit zu tun hat. Wenn Impfgegner beispielsweise Autismus als Nebenwirkung von Impfungen betrachten oder fanatische Foodies Autismus auf eine falsche Ernährungsweise zurückführen, dann wäre das eine sehr einseitige Sichtweise.

Wenn man den Erfahrungen glauben darf – ernst genommen werden sollten sie jedenfalls –, so kann eine gesunde Ernährung durchaus die negativen Auswirkungen von Autismus lindern. Aber darüber hinaus geht es bei Ernährung, Medizin und Hypersensibilität vor allem darum, die besondere Bewusstseinsform, die allem innewohnt, liebevoll anzuerkennen.

Es ist eine Richtung, wie Edward Bach sie vorgedacht hat, hier in Bezug auf den Heiler, der ja genauso wie der kleine Savant in uns allen lebt: „Der Arzt der Zukunft wird zwei große Ziele haben. Das erste wird sein, dem Patienten zur Kenntnis über sich selbst zu verhelfen. […] Solch ein Arzt muss sich eingehend mit dem Studium der Gesetze, die den Menschen beherrschen, sowie mit dem Wesen der Menschen selbst beschäftigen, damit er bei denen, die an ihn

257 Allmend, Einfachheit, 141f. (gilt auch für voriges Zitat)

herantreten, jene Faktoren erkennen kann, die einen Konflikt zwischen der Seele und der Persönlichkeit hervorgerufen haben. […] Die zweite Pflicht des Arztes wird darin bestehen, solche Heilmittel zu verabreichen, die dem materiellen Körper helfen, Kraft zu gewinnen, und dem Geist helfen, ruhig zu werden, seinen Horizont zu weiten und nach Vollkommenheit zu streben. […] Solche Heilmittel gibt es in der Natur, wo sie die Gnade des göttlichen Schöpfers zu Heilung und Trost des Menschen entstehen ließ. […] Der Heiler der Zukunft wird wieder die wunderbaren, natürlichen Heilmittel zu seiner Verfügung haben, die dem Menschen von Gottes Hand geschenkt wurden […].“[258] Dieser Blick auf Krankheit und Heilung, und die entsprechenden Mittel, offenbart eben jene Geisteshaltung, welche die Begegnung zwischen Neurotypischen und Neurountypischen so dringend benötigt; denn diese Geisteshaltung nimmt die entsprechenden Gedankenformen auf und gestaltet dementsprechend die Realität.

Mit dieser Gestaltung formt man ausschließende Situationen oder hingebungsvolle, unechte oder echte, unangenehme oder wohlige. Es sind Situationen auf dem Weg eines sich selbst suchenden Potenzials.

Alle Gefühle, die mit dieser Suche verbunden sind, gehören zur Komplexität des Lebens. Diese wirkt sich in unterschiedlichen Mustern in den Köpfen und Körpern aus, in manchen unbewusst oder bewusst, in manchen laut, in manchen latent. Doch vorhanden ist diese Potenz überall, jedes Lebewesen ist unmittelbar mit dieser Kraft verbunden.

---

258 Edward Bach, Gesammelte Werke, Grafing 2003, 186, zitiert aus: Michel, 134

Ausgewählte Quellen

Internet

https://www.youtube.com/watch?v=82jJ_WbcIV8 (Der Wissens-Verlag, Im Gespräch mit Gerald Hüther: Die neue Lust am eigenen Denken, veröffentlicht am 08.01.2015, abgerufen am 03.10.2015)

Dokus

Michael Rossato-Bennett: Alive Inside – A Story of Music and Memory (2014)

Peter-Arthur Straubinger: Am Anfang war das Licht (2010)

Petra Höfer; Freddie Röckenhaus: Expedition ins Gehirn – Eine Reise in die mysteriöse Welt der Superbegabten (2006)

Bücher

Peter Allmend: Einfachheit – Im Wenigen die Fülle finden, Grafing 2015

Aleida Assmann: Erinnerungsräume – Formen und Wandlungen des kulturellen Gedächtnisses, München [5]2010

Walter Benjamin: Über Haschisch, Frankfurt am Main 1972

Christina von Braun; Gabriele Dietze: Multiple Persönlichkeit. Krankheit, Medium oder Metapher?, Frankfurt am Main 1999

Judy Cannato: Im Anfang war das Feld – Über die schöpferischen Kräfte des Lebens, Amerang 2015

Karl Clausberg; Elize Bisanz; Cornelius Weiller (Hgg.): Ausdruck, Ausstrahlung, Aura – Synästhesien der Beseelung im Medienzeitalter, Bad Honnef 2007

Ruediger Dahlke: Das Geheimnis der Lebensenergie in unserer Nahrung – Die neue vegane Ernährung, München 2015

Ders.: Störfelder und Kraftplätze. Wie man die einen beseitigt und die anderen nutzt, Amerang 2013

Larry Dossey: One Mind – Alles ist mit allem verbunden, Amerang 2014

Hans-Peter Dürr: Geist, Kosmos und Physik – Gedanken über die Einheit des Lebens, Amerang 2013

Umberto Eco: Über Spiegel und andere Phänomene, Wien 1988

Giulia Enders: Darm mit Charme – Alles über ein unterschätztes Organ, Berlin [25]2014
Michel Foucault: Der Wille zum Wissen – Sexualität und Wahrheit I, Frankfurt am Main 1983
Johann Wolfgang Goethe: Maximen und Reflexionen, hrsg. von Max Hecker, Frankfurt am Main 1980
Myla Goldberg: Die Buchstabenprinzessin, Hamburg 2004
Temple Grandin; Catherine Johnson: Ich sehe die Welt wie ein frohes Tier – Eine Autistin entdeckt die Sprache der Tiere, Berlin 2013, ebook
Hans-Ulrich Grimm: Die Ernährungslüge – Wie uns die Lebensmittelindustrie um den Verstand bringt, München 2011
Bernhard Haisch: Die verborgene Intelligenz im Universum, Amerang 2015
Ders.: Warum Gott nicht würfelt – Geist, Kosmos und Physik, Amerang 2014
Peter Michael Hamel: Durch Musik zum Selbst – Wie man Musik neu erleben und erfahren kann, München/Kassel/Basel/London 1980
John Harrison: Wenn Töne Farben haben – Synästhesie in Wissenschaft und Kunst, Berlin/Heidelberg 2007
Naoki Higashida: Warum ich euch nicht in die Augen schauen kann – Ein autistischer Junge erklärt seine Welt, Hamburg [2]2014
Edward Hoffman: Wir sind der Kosmos – Die Grundlagen eines neuen Welt- und Menschenbildes – Jüdische Mystik und moderne Psychologie, Amerang 2016
Gerald Hüther: Die Macht der inneren Bilder – Wie Visionen das Gehirn, den Menschen und die Welt verändern, Göttingen 2014
Michio Kaku: Die Physik des Bewusstseins – Über die Zukunft des Geistes, Hamburg 2014
Peter Kingsley: Reality, Amerang 2012
Dietmar Krämer: Der Aufstieg der Kundalini – Ein Kundalini-Ratgeber für die Praxis, Grafing 2008
Dalai Lama: Die Buddha-Natur – Tod und Unsterblichkeit im Buddhismus, hrsg. v. Peter Michel, Grafing 1996
Gustave Le Bon: Psychologie der Massen, Hamburg [7]2012
Denise Linke: Nicht normal, aber das richtig gut – Mein wunderbares Leben mit Autismus und ADHS, München/Berlin 2015
Elisabeth Mardorf: Das kann doch kein Zufall sein! Verblüffende Ereignisse und geheimnisvolle Fügungen in unserem Leben, Darmstadt 2009
Katarina Michel; Peter Michel: Das Universelle Heilungsfeld – Die neue Dimension des Heilens, Grafing 2016
Alice Miller: Das Drama des begabten Kindes und die Suche nach dem wahren Selbst, Frankfurt am Main 1979

Ernst Pöppel: Grenzen des Bewusstseins – Wie kommen wir zur Zeit, und wie entsteht Wirklichkeit?, Frankfurt am Main/Leipzig 2000
Jan Plamper: Geschichte und Gefühl – Grundlagen der Emotionsgeschichte, München 2012
Oliver Sacks: Drachen, Doppelgänger und Dämonen – Über Menschen mit Halluzinationen, Hamburg 2015
Jochen Schmidt: Die Geschichte des Genie-Gedankens – In der deutschen Literatur, Philosophie und Politik 1750-1945, Band I: Von der Aufklärung bis zum Idealismus, Heidelberg [3]2004
Norbert Schneider: Geschichte der Ästhetik von der Aufklärung bis zur Postmoderne, Stuttgart [5]1996
Gerschom Scholem: Zur Kabbala und ihrer Symbolik, Zürich 1973
Adin Steinsaltz: Die Dreizehnblättrige Rose – Von den Geheimnissen der Kabbala und ihrer Bedeutung für unser Leben, Amerang 2011
Éduard Schuré: Die großen Eingeweihten, Grafing 2010
Patrick Süskind: Das Parfum. Die Geschichte eines Mörders, Zürich 2006
Daniel Tammet: Die Poesie der Primzahlen, Köln 2015
Ders.: Elf ist freundlich und Fünf ist laut – Ein genialer Autist erklärt seine Welt, Düsseldorf 2008
Ders.: Wolkenspringer – Von einem genialen Autisten lernen, München 2010
Jenny Wade: Transcendent Sex – In der Sexualität eine höhere Wirklichkeit erfahren, Grafing 2014
Inge von Wedemeyer (Hrsg.): Die Goldenen Verse des Pythagoras – Lebensregeln zur Meditation, Heilbronn [5]2001
Peter Weibel: Lebenssehnsucht und Sucht, Berlin 2002
Carl Friedrich von Weizsäcker; Gopi Krishna: Yoga und die Evolution des Bewusstseins – Die wissenschaftliche Grundlage der spirituellen Erfahrung, Amerang 2010
Frances A. Yates: Gedächtnis und Erinnern – Mnemonik von Aristoteles bis Shakespeare, Weinheim [2]1991

Sabrina Wallner
Du bist nicht krank, du isst das Falsche
Die großen Ernährungslügen
Sabrina Wallner hat die Ernährungsfrage aus der Sicht und der Einstellung des Einzelnen sowie von der Interessenslage der großen Erzeuger her untersucht. Sie hat zudem die Intention der nationalen und internationalen Nahrungsindustrie daraufhin überprüft, inwiefern ihre Aussagen stichhaltig und ihre Produkte gesundheitsfördernd sind. Das Ergebnis ist in großen Teilen erschreckend: Die meisten Menschen nehmen die falschen Produkte zu sich, sind schlecht informiert und essen grundsätzlich mit einer falschen Einstellung.
978-3-86191-068-8, Pbk., 196 S.

Russell Targ | **PSI – Die Welt ist anders, als sie zu sein scheint** | Russell Targ ist Physiker an der Stanford University, seine Forschungen führten ihn zu revolutionären Einsichten: Nur bestimmte Aspekte des Geistes sind eine Folge physiologischer Prozesse. Bewusstsein ist ursächlich, die physische Realität ist seine Manifestation. Alle Bewusstseinsformen sind Teil eines Netzwerkes des Lebens.
978-3-86191-040-4, HC, 368 S.

Dean Radin | **Supernormal**
Dr. Dean Radin erforschte als Erster in einer wissenschaftlichen Langzeitstudie die verborgenen Kräfte des Menschen, wie sie schon vor zweitausend Jahren in den geheimnisvollen Yoga-Sutras beschrieben wurden. Er weist zweifelsfrei nach, dass jene Fähigkeiten, die heute noch als „außergewöhnlich" oder als „supernormal" gelten, einmal die natürlichen Eigenschaften jedes Menschen sein werden! Ein wahrhaft bahnbrechendes Buch von einem Pionier der modernen Bewusstseinsforschung.
978-3-86191-060-2, HC, 408 S.

Weitere Bücher aus dem Crotona-Programm

Falk Mieschendahl
HumanFlow | Die Kunst, dich selbst kennenzulernen | Eine praktische Anleitung
Ein praktisches Handbuch mit zahlreichen Übungen zur Selbstfindung, für Achtsamkeits-Meditationen und zur Angstüberwindung. Es zeigt die Hintergründe für Sinnkrisen auf und weist Wege, um die Selbstheilungskräfte des Menschen zu stärken.
978-3-86191-070-1, HC, 224 S.

Larry Dossey | **One Mind**
Mit ONE MIND legt L.D. seine große Gesamtschau über die verschiedenen Erkenntniswege der Menschheit dar und enthüllt auf beeindruckende Weise, dass hinter allen Phänomenen und Ereignissen EIN BEWUSSTSEIN waltet. Alles ist mit allem verbunden; und nur wer die innere Vernetztheit und Verwobenheit des Lebens versteht, vermag den tieferen SINN hinter allen Geschehnissen zu entdecken!
978-3-86191-051-0, HC, 392 S.